LA TERCA MEMORIA

Julio Scherer García

LA TERCA MEMORIA

Grijalbo

La terca memoria

Primera edición: junio de 2007

D. R. © 2007, Julio Scherer García

Derechos exclusivos de edición en español reservados
para todo el mundo:

D. R. © 2007, Random House Mondadori, S. A. de C. V.
Av. Homero No. 544, Col. Chapultepec Morales,
Del. Miguel Hidalgo, C. P. 11570, México, D. F.

Diseño de portada: Departamento de Random House Mondadori México

www.randomhousemondadori.com.mx

Comentarios sobre la edición y contenido de este libro a:
literaria@randomhousemondadori.com.mx

ISBN: 978-970-780-882-9

Impreso en México / *Printed in Mexico*

Índice

Introducción.. 9
Gastón García Cantú 13
Abel Quezada... 33
Carlos Hank González 39
Jefes de prensa 81
    Francisco Galindo Ochoa............................ 81
    Amado Treviño 83
En *Excélsior* 87
    Rodrigo de Llano 87
    La Extra 92
    El hierro y el acero................................. 95
    Magdalena Mondragón.............................. 98
    Elena Guerra 99
Carlos Quijano... 107
Juan Sánchez Navarro 117
Juan Francisco Ealy Ortiz.............................. 123
Miguel Alemán... 129
De amigos.. 137
Primeros años... 141

Ciudad Universitaria 151
El desplegado. 155
El Politécnico 161
El Papa. 173
Adolfo López Mateos 179
Gustavo Díaz Ordaz. 191
Jorge Hank Rhon 195
Héctor Aguilar Camín. 207
Mario Vargas Llosa 217
Daniel Cosío Villegas. 221
Guillermo del Toro 227
Fox y Calderón 233
Índice onomástico 237

Introducción

Poco antes del 6 de noviembre de 2006, Rafael Rodríguez Castañeda me pidió un texto para el número especial que festejaría el trigésimo aniversario de *Proceso*. Sobre el golpe de *Excélsior* y el nacimiento de la revista se habían escrito cuartillas y cuartillas y yo tenía el tema por agotado.

Le dije que no y acudí a un argumento personal: carecía de impulso para emprender el trabajo.

Él razonó a su vez: escribirían Vicente Leñero, Enrique Maza, Raquel Tibol, Miguel Ángel Granados Chapa; estarían Naranjo, él mismo, colaboradores entrañables y reporteros de muchos años en el semanario. Participarían también los fotógrafos, los correctores, los diseñadores, el personal de administración. De una u otra manera estaríamos todos.

Mi negativa podría tomarse como un desaire.

—Reproduzcamos un texto significativo. Podríamos elegir entre algunos.

—Piénselo.

—Usted gana.

Tuve presente que para mí no habría más tema que Echeverría. Fue el protagonista del atentado contra el periódico treinta años atrás, mató, traicionó, fue hombre vil. En busca de un rasgo que pudiera significar alguna novedad para los lectores, ensayaría un texto a partir de la primera persona. Vicente me había dicho que el yo literario no es presuntuoso ni sencillo, vigoroso o agresivo, aunque, eso sí, siempre es vulnerable, como somos todos. Su peso en el lenguaje nace de la honradez y profundidad del trato que reciba. El problema es de la inteligencia y de la sensibilidad, no del vocablo. Implica un acuerdo con uno mismo en la soledad y de ahí una relación más auténtica con los demás.

A lo largo del trabajo viví un inesperado bienestar, satisfecho con el desarrollo del texto. Hay expresiones memorables, gritos como el "Yo acuso", de Emile Zolá en el caso Dreyfus. O el "Yo acuso" de Demetrio Vallejo contra el presidente Adolfo López Mateos. "Nosotros acusamos" o cualquier otro recurso, "Acusamos" o "Ellos acusan", sería tan desatinado como una corriente de aire helado en el cuarto de un enfermo. La fuerza o debilidad de las palabras no está en juego. Son lo que son.

Instalado en mi propio yo, sentí a Echeverría más cerca que nunca. Lo oí respirar.

Por esos días de nuestro entrañable noviembre, conversé con Anne Marie Mergier, corresponsal de *Proceso* en Europa. En un reportaje dedicado a Fidel Castro que enjoya una edición especial de la revista, ella también había ensayado el yo por primera vez. Me dijo que su nueva actitud la aproximaba de manera natural a un primer libro, que sería escrito en el tono del yo. La coincidencia me pareció notable y no una cuestión de fortuna. El amor acerca, se sabe, y en esta experiencia estábamos juntos. Le conté que ensayaría un volumen de recuerdos con información de diversos testimonios y documentos.

El periodismo padece la esclavitud del presente pero no estaría de más volver, por ejemplo, a Miguel Alemán como el presidente corrupto que fue. Haría falta ocuparse de Alemán como el iniciador de una serie de mandatarios parecidos a él y que no se han dado por generación espontánea. Cada uno ha dejado testimonio de su propia negación del país hasta llegar a Fox.

Gastón García Cantú

En la portada original de *Los periodistas*, el libro de Vicente Leñero, me veo entre Abel Quezada y Gastón García Cantú la tarde soleada del 8 de julio de 1976. Avanzo con desgano, el cerebro confuso. Largo fue el recorrido por el Paseo de la Reforma, como azaroso el tiempo que nos envolvió a tantos.

Poco a poco se había apagado García Cantú en mi memoria. Después de injuriar a Regino Díaz Redondo por el golpe a *Excélsior* y regresar al periódico como si nada hubiera ocurrido, me tuvo por un sujeto deleznable, hinchado de vanidad. Por mi parte lo juzgué simplemente como a un traidor.

Supe de su muerte como de la flama que se apaga bajo un intempestivo golpe de viento. El 3 de abril de 2004 me enteré del suceso por las esquelas que publicó *Excélsior* y una nota de primera plana que decía:

Gastón García Cantú, prestigiado y agudo analista político, periodista, intelectual y maestro universitario, una de las plumas más prominentes de México y que enalteció las páginas de *Excélsior* durante casi cinco lustros, murió ayer, víctima de un tumor cerebral, a la edad de 87 años, en su natal Puebla.

Nos lega una obra prolífica y un claro ejemplo de amor por su país, su defensa a ultranza de los valores nacionales y el don de la generosidad al transmitir a muchas generaciones parte de su cultura infinita.

No hubo funeral ni ceremonia luctuosa alguna por decisión de García Cantú, transmitida a sus hijos. Después de su muerte se le mencionó con parquedad. Todo esto me llamó la atención, porque García Cantú, tempestuoso y de obra reconocida, era opuesto en todo al Iván Ilich de León Tolstoi, el magistrado que vive la "vida horrible" de los honores rutinarios y los días que terminan siendo un solo día, todos iguales.

Al iniciar la redacción de este libro me propuse saber qué había sido de él en sus últimos años. Busqué a Martha Robles, su mujer a lo largo de dieciocho años.

Martha y yo nos habíamos conocido en los tiempos de *Excélsior*. Fueron las nuestras conversaciones amables, sin tropiezo. Haría un año que nos encontramos en un restaurante y nuestro saludo estuvo acompañado de una emoción suave, tranquila. Dijimos que habríamos de vernos nuevamente. Ocurrió hasta el mes de agosto de 2006. La llamé por teléfono para que conversáramos, en la mente de ambos, sin duda, García Cantú.

Martha llegó al restaurante del Club France con dos de sus libros, *Entre la concordia y el rayo* y *Mujeres del siglo XX*. Yo le regalé *La libertad de expresión en la Iglesia*, la furia erudita de Enrique Maza contra el dogma.

Hija del diputado Jaime Robles Martín del Campo, jefe de la campaña política de Efraín González Luna, candidato a la presidencia de la república en la primera etapa de Acción Nacional y de una mujer a la que dibuja la palabra "hermosísima", pronto nos dimos a hablar de lo que nos importaba.

Sin una mirada de soslayo al reloj, la despedida cercana al atardecer, prometimos volver a reunirnos.

Martha defendió la vida pública de Gastón con la fuerza de su temperamento. Me dijo que estaba equivocado al juzgarlo traidor, pues el hombre fiel a sus ideas y a sí mismo no traiciona. "Bajo tu dirección y bajo la de Díaz Redondo fue el mismo. Volvió a <i>Excélsior</i> porque lo invitó Regino y porque le dio la gana, sobre todo porque tal fue su pleno derecho. No fue rehén de nadie."

Mis argumentos rebotaron contra un muro. La lealtad es un valor que no se cuestiona, y se es fiel a los amigos, a los compromisos, a los amores bien ganados. No se puede vivir con una doble cara y no todo se resuelve en el mundo de las altas ideas y es falso, como arguyó Gastón, que la traición sea tema que compete sólo a la patria. Martha no dio un paso atrás y sostuvo que en la traición, como en los conflictos que nos desgarran, caemos en un subjetivismo inexorable. Sólo al final, cedió:

—Martha —le dije—, Gastón fue el apologista de Díaz Redondo.

Desvió el rostro hacia las canchas de tenis a las que da el restaurante y no tengo certeza de que haya regresado a la conversación con los ojos secos.

—Tienes razón —me dijo—. Y también en eso fue libre.

15

Después me contó que por motivos que ella no discute, Gastón había donado su biblioteca de 20 000 volúmenes al gobierno del estado de Puebla, cuando Manuel Bartlett era el titular. Pero no sólo se trató de su biblioteca. En la vorágine se fueron libros preciadísimos que no le pertenecían —libros míos. No pudo más, amenazó gravemente a Gastón si no abandonaba la casa en ese momento y para siempre. Nunca lo volvió a ver.

De manera natural volví al 3 de abril de 2003, la muerte de Gastón.

—¿Te afectó la noticia?

—No.

—¿Hubo acaso una leve sacudida?

—Ya te dije. Salió de mi casa para siempre.

—¿Te enteraste por el periódico?

—En la mañana, temprano, sonó el teléfono de la casa. Me buscaban de la presidencia. Fox se comunicaría conmigo en unos segundos. Fue él quien me dio la noticia. "Mi sentido pésame, señora", me dijo. "Señora, señora", repetía. Pienso que ni de mi nombre estaba informado. Por toda respuesta le dije a Fox que no había viuda y que nada tenía que ver con el señor Gastón García Cantú. Le sugerí que se dirigiera a sus hijos para transmitirles las palabras de condolencia que se estilan.

En el inicio de su vida con Gastón, Martha se vistió de fiesta. Fueron muchos los invitados a su casa, entre ellos Vicente Leñero y yo. Recuerdo particularmente a Jorge Carpizo, entonces rector de la UNAM, por su voz aguda y la ronca agresión de sus carcajadas continuas. La anfitriona nos hizo saber que la reunión tenía el propósito de mantener unidos a los amigos de Gastón, los de siempre y los de la época de *Excélsior*. Fue abundante el licor y circularon los meseros con platones de bocadillos variados y dulces deliciosos. Gastón mostraba un humor que me era desconocido. Bromeaba sin gracia y hacía chistes, juguetón.

En un momento, Martha nos pidió a Vicente y a mí que la acompañáramos escaleras arriba, quería mostrarnos algo significativo. Nos condujo hasta un cuarto pequeño, modesto, imaginado para el trabajo, la reflexión solitaria. Había apenas una mesa, un par de sillas, libreros bajos con un centenar de volúmenes, cuartillas, papel carbón y una máquina de escribir. Sería el refugio de Gastón, réplica del espacio sencillo en que había trabajado desde el día en que se trasladó de Puebla a la ciudad de México. Martha se mostraba contenta, bonita, segura.

—Que nada cambie —nos dijo de regreso a la sala luminosa, brillante, poblada de amigos y admiradores.

En el libro *La condena*, de acento autobiográfico, Martha dejó escrito:

"Me voy", ya te dije. "Se acabó. Ningún infierno es para siempre." Me metí a bañar. El agua helada me aclaraba los recuerdos, sacudía mi turbación, una rebeldía domada. Que trabajaba demasiado, respondiste: muchas horas entre libros, cocinar a diario, los deberes que me agrego sin que nadie me lo pida, las presiones de los otros, el desajuste del país, las penurias de la patria… Necesitaba vacaciones. Supo él, igual que siempre, de qué sustancia provenía mi queja. Supo cómo remediarlo, cómo enderezarme, cómo mitigar el rayo, cómo apaciguarme. Diagnosticó de nuevo, como a diario. Como a diario aseguró que nadie me conoce como él, nadie sabe cuáles son mis corredores íntimos, las fantasías que me atormentan, los deseos insatisfechos. Dijo más y preguntó, pero como a diario, no pudo esperarse mi respuesta. Habló y habló. Otra vez me diagnosticó. Otra vez recorrió el mapa de mi alma, la lista de mis miedos, las virtudes que no acepto, el amor que me profesa, la felicidad que me resisto a comprender, el saldo de años, la recompensa del trabajo. "Por qué no hablar", preguntó. "Yo sé lo que piensas. Te atormentas con fantasmas, eres insegura, ten paciencia, vendrá otro amor, todo habrá de componerse […]."

Lo intenté. No pude vencer la tentación de saber más que los demás, no pude esperar a averiguarlo y yo supe en ese instante que no estaría dispuesta a sobrellevar con complacencia lo que seguramente sí podría cambiar en el fondo de mí misma.

Perdí el temor por primera vez. Por primera vez me aferré a mi certidumbre. Grité sin temer a la incoherencia, sin que me importara provocarlo, sin miedo a sus respuestas. Grité y por un instante me quedé sumida en el silencio. Dije no. Elegí otra vez y me marché.

Le pregunté a Carlos Monsiváis por García Cantú, viejos conocidos en los círculos literarios y suplementos de cultura. Me dejó la impresión de que el tema le aburría. Su atención continuaba en los invariables huevos rancheros de su desayuno. Dijo, al fin:

—Habría tan poco que agregar acerca de ese señor.

—¿Como qué?

De su vida pública sabemos que no fue un dechado de entereza ni de lealtad. En cuanto a sus libros me queda claro que no enfrentó a la historia en el sentido en que un investigador debe hacerlo: abrirla, mirarla por dentro, dar cuenta de su entraña. ¿Qué más? Sus méritos son los de un cronista eficaz.

Siguió:

—Aquí, precisamente aquí —Carlos y yo nos encontrábamos en el restaurante de Sanborns en la avenida Universidad—, me reuní con Francisco Martínez de la Vega y García Cantú hace ya mucho tiempo. Fue en julio de 1976. García Cantú escribía entonces para *Siempre!*, la revista de José Pagés Llergo que engalanaba el subdirector, Francisco Martínez de la Vega.

Gastón había llegado a la cita con un artículo y le pidió a Paco que lo leyera y le diera su opinión. Le interesaba, subrayó, que apareciera en el siguiente número del semanario por tratarse de una denuncia rotunda del golpe a *Excélsior*.

—Paco era naturalmente veraz —continuó Monsiváis—. No mentía, porque no se le ocurría engañar a nadie. Le dijo a Gastón, sin malicia, pero sorprendido, que se metía fuerte con dos personajes vigentes: el ex presidente Luis Echeverría y su periodista de *Excélsior*, Regino Díaz Redondo. Que si había calculado los riesgos, adelante, el artículo se publicaría. Inmutable, García Cantú recibió el texto de Paco y lo guardó en una bolsa interior de su saco. Nunca se publicó.

Conocí a García Cantú por iniciativa de Heberto Castillo. Fue durante una cena en su casa para hablar de política y la posible incorporación del historiador a la sección editorial de *Excélsior*. De esa noche recuerdo, sobre todo, un árbol majestuoso que parecía maravillado de su propia existencia. En la inmensidad de un desierto era único en el mundo. Admiré la pintura como sólo se puede admirar una obra de arte. La vi de lejos, la admiré de cerca, la observé desde los mejores ángulos y, al final, busqué la firma que no encontré.

—¿Y la firma del autor? —pregunté al ingeniero.

Contó Heberto que el autor del cuadro era José Chávez Morado, pero que al artista se le olvidó firmar su trabajo y él, Heberto, ni cuenta se dio de tamaña omisión. No se trató de una compra ni de un obsequio. José Clemente Orozco, David Alfaro Siqueiros, José Chávez Morado, Mario Orozco Rivera y otros artistas donaban dibujos, litografías, aguafuertes y hasta óleos a organizaciones de izquierda. Sin dinero, los grupos radicales podían compensar con obras de arte los trabajos extraordinarios que emprendían sus militantes, muchas veces a costa de su propio bolsillo. Heberto y Tere lograron conservar el Chávez Morado inmutable en la sala de su casa.

Días después, con todo y cuadro, los acompañé a Marfil, la antigua capital del estado de Guanajuato, asiento de la Casa Museo José Chávez Morado-Olga Costa. Conservo en los ojos una bailarina suspendida en el aire como única estancia posible para la frágil figura de Olga. La bailarina fue un sueño. Raquel Tibol me instruye. Olga pintó flores, paisajes nacidos de su imaginación, una *Cabeza de muchacha* que había que robarse, pero no pintó bailarinas.

La visita tuvo una intensidad dramática. En un conmovedor testimonio de confianza, nos contó el pintor que Olga padecía de alucinaciones y delirio, el extravío de los sentidos y la ausencia del mundo. A veces, como la bailarina que no existió, era apenas existente y poderosamente viva. A José lo angustiaba. De pronto iniciaba un monólogo en alemán al que seguía un largo silencio y luego hablaba en francés para terminar en un español apenas comprensible. Chávez Morado vivía para su trabajo la mañana y para Olga la tarde y la noche. Desechaba el reposo. Sólo quería embellecer su noble pintura y cuidar a Olga.

—¿Y ustedes? —preguntó Chávez Morado con los ojos.

—Te traemos un cuadro, de tus manos, para que lo firmes —dijo Heberto.

—Primero, déjame verlo.

No esperó ni veinte segundos:

—Es mío, sin duda —dijo.

Enseguida colocó *El árbol* en el atril, se acomodó en una silla baja y con un pincel empezó su tarea. Fue apareciendo un naranja brillante del que poco a poco surgían las letras de su nombre y apellidos, casi un rito.

—Ya está. ¿Qué fecha le ponemos, Tere?

—Tú dirás, Pepe.

—Que sea la de mi mejor época.

Desde el inicio fue sencilla la relación con García Cantú. No formaban parte de nuestra amistad las confidencias, esas entregas en voz baja que pertenecen a la intimidad de los sueños y las pesadillas. El trabajo era el acicate de nuestras conversaciones.

En poco tiempo se hizo notar a partir de su trabajo en la sexta plana del diario. Sus artículos eran duros en el contenido y en la forma, implacables algunos. Cuidaba las palabras, pero sólo para darles una mayor fuerza expresiva. Combatió la política económica y financiera del gobierno, combatió a los banqueros, combatió al PRI y defendió apasionadamente a la Universidad Nacional. En algunos sectores provocaba irritación y no fueron insólitas las inserciones pagadas por el gobierno en su contra y contra el periódico. Se abrían heridas del 2 de octubre de 1968, día en que *Excélsior* se negó a la humillación que a otros les fue impuesta de cara a los muertos de Tlatelolco.

Un día pesaroso me habló de Luis Enrique Erro, director del Observatorio Astronómico de Tonanzintla. Genial a juicio de muchos, para Gastón representaba un modelo humano. Admiraba su apasionado rigor en el trabajo, su rectitud, su amor por las estrellas, hombre del cielo.

Erro le había confiado que advertía un lento y progresivo deterioro de su inteligencia. Sólo así podía explicarse la cadena de errores en que últimamente incurría. El mundo científico a su alrededor guardaba respetuoso silencio, pero la honestidad del maestro iba al parejo de su sabiduría. Debía irse y se fue.

Gastón me habló de la vulnerabilidad de la inteligencia, igual que la del cuerpo, pero mucho más sensible a trastornos súbitos. Debíamos mantenernos atentos a nosotros mismos, a nuestras equivocaciones y torpezas. Deberíamos vigilarnos y hablar uno del otro con cabal honradez. Los amigos, finalmente, son eso, guardianes uno del otro.

El 28 de junio de 1978, en la revista *Siempre!*, García Cantú publicó un artículo que intituló: "Posdata para Vicente Leñero. Con Echeverría, en el Salón Colima de Los

Pinos". El texto desbordaba admiración por Vicente Leñero y *Los periodistas*. Por otra parte, alude a nuestra amistad con palabras no pronunciadas, pero inequívocas. Caminaríamos juntos en la vida más allá de obstáculos y pesadumbres. Le creí, "a pie juntillas", como solía escuchar a mis padres.

Escribió Gastón sobre la obra de Vicente:

El periodismo mexicano, decía Guillermo Prieto en el Constituyente del 56, no puede juzgarse por dos o tres bribones, sino por dos o tres que han sabido cumplir su compromiso por escrito. Esto es verdad, de las páginas de *El pensador mexicano* a las de *El siglo XIX*, o las humildes hojas en que Ángel Pola empezó a denunciar, en breves y memorables reportajes, el secuestro de niños y la esclavitud. *Los periodistas*, de Vicente Leñero, son parte de esta historia. Acaso dentro de algunos años sean el episodio que permita ver lo que fue el gobierno de Luis Echeverría. Nadie recordará los procesos a prevaricadores y ladrones; muy pocos sabrán qué se dijo y no se hizo, pero no pocos, al leer el libro de Leñero, recordarán lo que fue su gobierno en la segunda mitad del siglo XX. Santa Anna, frente a Juan Bautista Morales, es una anécdota. La historia de Leñero será mucho más porque está contada en prosa fluida, clara, precisa, recreada como obra de arte.

La novela de Leñero es la de un suceso de la libertad de expresión y, también, cómo fue usada por unos cuantos hasta volverse desusada. De unos cuantos porque allí, en aquellas páginas, hubo de todo: miedosos, corrompidos, tontos que se pavoneaban por cuartillas sudadas en tinta verde, engreídos de librea, caras de poliedro que según el personaje mostraban el gesto adecuado, la columna vertebral gelatinosa, correveidiles que desinformaban de todo, como en el país. En el testimonio asoman los convidados de piedra y los malditos que nunca faltan en la escena contemporánea. Páginas excelentes: rigor literario y veracidad.

En julio de 1976 Armando Vargas, corresponsal de *Excélsior* en Washington, había concertado una cita con el senador Edward Kennedy. El hermano menor de la dinastía más famosa de los Estados Unidos deseaba escuchar mi versión acerca del escándalo que se había suscitado en México a propósito de *Excélsior* y que los medios, salvo excepciones, habían liquidado con ese silencio que tanto se parece a la asfixia. Tenía sentido aquel encuentro en la idea de que, herméticos los labios, la conciencia se cerraba sobre sí misma.

Los servicios de inteligencia del gobierno —la censura telefónica— habían funcionado con prontitud y Echeverría, enterado de la gestión emprendida por Vargas en Washington, había convocado a una junta sin dilación en el Salón Colima.

Sigue García Cantú:

Y en bien de esa veracidad (la veracidad reseñada en *Los periodistas*), me permito añadir algunas imágenes al capítulo Uno, Espionaje Telefónico, punto final de los sucesos de julio de 1976.

A las nueve de la mañana, un llamado por teléfono de Fernando Benítez. Era urgente hablar con Julio Scherer. El presidente de la república deseaba vernos ese mismo día. ¿Quiénes? Scherer me llamó hacia mediodía para decirme hora y sitio: las seis de la tarde en Los Pinos.

Se abrieron las puertas del Salón Colima. Un ambiente de lienzo charro presagiaba al premeditado jaripeo. En las paredes, pinturas monótonas de Icaza; flores de papel, sillones macizos, asientos

24

semiblandos. A través del ventanal pasaban como tuzas celosas los guardianes: uno, dos y vuelta; dos, uno y revuelta. Minutos después, los pasos firmes, conscriptuales, de don Luis Echeverría y su voz asombrosamente marcial: "¡Julio, no vayas a Washington! Señores, cómo están ustedes". Se acomodó en un amplio sillón. La postura de estatua, colocadas las manos sobre los muslos, apretando las rodillas; los ojos, en alerta, la mandíbula endurecida. Otra vez: "¡No vayas, Julio!" Nuestras miradas se cruzaron fugazmente. Acaso fue una silenciosa pregunta coincidente. ¿Vas a Washington, Julio? ¿De qué hablaba Luis Echeverría?

El presidente: Usted, Gastón, que conoce la historia de los Estados Unidos, dígale que no vaya. Que no haga el juego a nuestros adversarios. ¡Dígaselo usted!

Julio: Señor presidente, mi labor de periodista no se ha circunscrito sólo a nuestro país y usted lo sabe.

El presidente: Ésta no es una labor informativa, sino de desprestigio del gobierno de México.

Julio: Jamás contribuiría yo a desprestigiar a mi país. Es un problema informativo. Nuestro caso ha llamado la atención y es necesario decir lo que ha ocurrido.

El presidente: ¡No vayas!

El matiz de lo imperativo había dado un salto de la advertencia a la amenaza. Miré a Julio. A veces hubo entre nosotros el lenguaje secreto de los mensajes visuales. Y le envié el que juzgué oportuno: Julio, no vayas. Lo sabía y lo sé, indefenso.

Julio: Señor presidente. ¿Por qué no oye usted a nuestros amigos que mucho tienen que decir respecto de *Excélsior*?

El presidente tiró ligeramente de su saco, observó a Samuel del Villar, a Miguel Ángel Granados.

A ver…

Del Villar relata pormenores de la invasión de los terrenos, propiedad de la Cooperativa, en Paseos de Taxqueña. El presidente clava su mandíbula. Ningún gesto delata su estado de ánimo. Habla Miguel Ángel Granados, serena, reflexivamente. Arguye sobre el procedimiento jurídico en relación a que toda cooperativa estaba registrada en la entonces Secretaría de Industria y Comercio.

Hero Rodríguez se levanta, acerca un sillón junto a mí. Quizá trata de ver al presidente. Fernando Benítez habla en secuencia: "Señor presidente, ayude usted a este notable grupo de periodistas mexicanos. Han defendido su periódico. El honor del país está a prueba y usted, con su alto espíritu de justicia, no permitirá un atropello semejante".

El presidente modula su voz con suavidad: "Desde luego, Fernando". Manuel Becerra Acosta da dos, tres pasos. Nos ve compartiendo el azoro. Palpa sus cejas, lleva el índice derecho a la boca, palmotea el pecho, vuelve a sentarse, se levanta, se sienta. Julio agita la pierna del presidente. "Falta un relato de los sucesos. ¿Por qué no oye usted a Gastón?"

—No cometería el error de informar al presidente de la república, que es el hombre mejor informado del país…

—¡No se crea usted! ¡No sé nada!

—En ese caso externaría mi consternación. ¿Cómo es posible que uno de los más graves problemas del periodismo mexicano sea ignorado por el presidente de la república?

—Pues no sé nada. Por primera vez oigo lo que ocurrió. Sé, eso sí, que fue un caso de soberbia intelectual, de olvido de lo que son nuestros trabajadores. Había una separación entre ustedes y ellos. ¡Ésa fue la causa!

—Para no estar informado me asombra su interpretación… ¿Cómo calificar de soberbia la defensa de los bienes invadidos de los trabajadores?

—¿Quién es el culpable entonces?

—Esto es lo que debe averiguarse. No corresponde a nosotros hacerlo.

—Ni al gobierno, que respeta la libertad de prensa.

—Se ha creado, como en la Universidad —¿recuerda usted?— un vacío legal.

—¡Nada sabemos!

Las voces, los gestos, el amanecer del 8 de julio, pasaron golpeando al frente. El diálogo de Ricardo Garibay con el secretario privado del presidente. En fin, estábamos en el Salón Colima presenciando un jaripeo de sombras. Lo que debíamos decir lo dijimos. Lo que acaso no debíamos saber nunca lo supimos.

Al salir el presidente, del brazo de Julio y de Miguel Ángel Granados, sonrió ampliamente. Hero Rodríguez y yo bajamos la escalinata de prisa. Observamos el último acto. Después, nuestra pregunta. ¿Cuándo decidiste ir a Washington?

—Hoy, a las ocho de la mañana, me había invitado Armando Vargas para visitar a los del *Washington Post* y a conversar con Edward Kennedy…

El teléfono —la red invisible del mundo, de la intromisión en nuestra vida privada, en nuestras escasas decisiones públicas— había funcionado, una vez más, como en 1968.

El 6 de noviembre de 1976, en el número inaugural de *Proceso*, García Cantú dejó para su biografía una frase definitiva. En el artículo "Los funerales del sexenio", escribió: "No toleró la crítica". En otros términos, se abrió a la dictadura.

El texto, que abre la sección de "Análisis" de la revista —reconocimiento al escritor, espacio privilegiado—, expresa ira y desprecio en su lenguaje inapelable. Habla de los "adictos y beneficiarios" en un país enmudecido y no habría que buscar nombres y apellidos para saber de esos "adictos y beneficiarios". Uno caía por gravedad, insalvable su historia: Regino Díaz Redondo.

Copio de las páginas 35 y 36 de *Proceso*:

Una nación que quiebra llega al punto reconocido por André Malraux en otros pueblos desdichados: [...] se empieza por no tolerar la crítica, después se elimina la autocrítica, después se eliminan las masas y como el partido sólo puede encontrar en ellas su fuerza revolucionaria, se tolera la formación de una nueva clase [...]

No se toleró la crítica. Esta revista aparece ante reiteradas amenazas. Altos funcionarios han sido mensajeros de transacciones inadmisibles. La autocrítica se deslizó en la complacencia. Las masas están desarticuladas: el PRI es hoy el sustituto histórico del PARM (Partido Auténtico de la Revolución Mexicana). Renunciaron sus directivos a la política. Su labor es editorial: ¡Imprimen libros de las discrepancias de 1810!

La política de la estratagema, de los actos espectaculares, de los adioses nostálgicos, debía culminar fijando en letras de oro, sobre papel devaluado, el nombre de Lázaro Cárdenas. El acto fallido es obvio: es fácil ser revolucionario a costa de la obra de Cárdenas.

El régimen actual llega a su fin. El país, enmudecido, aguarda el instante de su término. Las obras públicas no las reconocerá la próxima generación. Tampoco la actual, como ninguna sabe, ni es necesario que lo sepa, las de otros gobiernos. La memoria popular es memoria política. Se recordará, día tras día, la quiebra del país, sus deudas, el hambre, los precios, la desconfianza, la subasta y, anecdóticamente, el cortejo que la acompaña en sus horas finales.

En el cortejo de los adictos y beneficiarios, los brazos en alto y los gestos de asombro; el de los funcionarios que se agitan, mínimos y plegados, en las espaldas de sus pistoleros;

el cortejo ávido de las inauguraciones; el de los oradores obsesivos; el cortejo de donde salen las consignaciones penales de los hombres honrados; el cortejo que aplaude frenético y persuadido, la teoría de que México es agredido por sus disidentes; el lento cortejo que trama la prolongación del poder personal; el cortejo que desfila en un país empobrecido y expoliado.

Es el cortejo que repta, cínico y bullicioso, ante un pueblo expectante, despojado de sus pequeños bienes; sombra de lo que fue. La vieja cólera es cosa del pasado.

Pasa el cortejo llevándose cuanto había. No es un cortejo dramático, sino grotesco, amaestrado en infinitas sesiones de trabajo, en el tedio, en el desvelo. Cortejo semejante al de las horas amargas. El cortejo histórico de los funerales de todo sexenio cuando termina en la duda y la confusión.

Esperemos la marcha fúnebre de sus cenizas políticas.

También en noviembre de 1976, en el número inaugural de la revista *Vuelta*, Octavio Paz habló del derrumbe de la crítica ante el poder y los poderosos, como epílogo del golpe a *Excélsior*. Escribió en efímera coincidencia con García Cantú:

Se ha discutido mucho sobre la responsabilidad del Gobierno en el caso de *Excélsior*. No es fácil medir esa responsabilidad, pero me parece indudable que el golpe no se habría dado si sus autores no hubiesen contado por lo menos con el consentimiento tácito del Poder.

Las consecuencias han sido igualmente funestas para el régimen y para la nación. Para el régimen porque, después de seis años de proclamar su decisión de respetar la libertad de crítica, acabó o permitió que se acabase con uno

29

de los poquísimos centros de crítica independiente del país. Para la nación porque el conflicto de *Excélsior* ha coincidido con la crisis de los partidos políticos. Los de izquierda no han podido unirse ni, lo que es más grave, han sabido elaborar un programa de veras nacional que, simultáneamente, sea viable y corresponda a la realidad real de México. La derecha no existe, al menos como pensamiento político. Hay que repetirlo: nuestra obtusa derecha no tiene ideas sino intereses. De ahí que prefiera filtrarse en el PRI: es más fácil corromper a los funcionarios públicos que presentar a los mexicanos un programa distinto al oficial. El hecho de que el PAN no haya postulado un candidato en las recientes elecciones presidenciales es una muestra no sólo de su crisis interna sino de su impotencia ideológica. No sé si el desfallecimiento de los partidos sea el anuncio de su próximo fallecimiento. En todo caso, es una confirmación de que el Estado sigue siendo el poder determinante en México. El Gobierno vive y crece a expensas de la sociedad. La izquierda y la derecha, el líder obrero y el banquero, el periodista y el obispo, todos vivimos de hinojos ante la silla presidencial. Por eso es grave lo de *Excélsior*. ¿Dónde se va a hacer la crítica del poder y los poderosos?

En una evocación de Gibbon que hizo propia, Paz cerró su texto con estas palabras: "Una nación sin crítica, es una nación ciega".

El 3 de noviembre de 1983, García Cantú volvió a *Excélsior*. Regino Díaz Redondo, el director, lo recibió con los brazos abiertos. El encuentro se dio en la oficina del tercer piso de Reforma 18, tantas veces visitada por el articulista.

Un recuerdo en el ángulo inferior de la primera plana anunciaba en términos escuetos: "A partir de hoy…"

No había pasado nada el 8 de julio de 1976 ni en los años sucesivos. Se había tratado, apenas, de un incidente en el tema central de la libertad de expresión.

Abel Quezada

Abel Quezada abandonó el edificio de *Excélsior* cálidamente asido de mi brazo derecho. Durante la caminata por el Paseo de la Reforma sentí en la piel su presencia entera. Habría otros recorridos que nos llevarían a un futuro común, pensé en esos días sin la claridad con la que ahora espero expresarme.

Trabajamos poco menos de diez años en una armonía sin contratiempos. Abel no cabía entre los cartonistas de su tiempo y yo lo estimulaba tanto como me era posible. Durante la matanza del 2 de octubre de 1968 me enviaba dos o tres dibujos simultáneos para que yo eligiera a mi arbitrio, no fuera a suceder que alguno desatara la ira sin control de Díaz Ordaz o la de un cómplice probado en el crimen. La negrura de ese tiempo —negro, sólo negro fue su cartón de duelo del 3 de octubre— nos aproximó humanamente. Creo que llegamos a sentir la recia dulzura de la amistad, pero no pasamos de ahí.

En su casa, alguna vez se apoderó de la palabra y no se la prestó a nadie. Disfrutaba de su propia conversación, disfrutaba de sí mismo y en algunos momentos aparecían en su lenguaje reminiscencias de Juan Rulfo. Describía pueblos como instantáneas de Comala. La miseria se basta a sí misma, si sólo se cuenta con ella para seguir viviendo. Pensé en un delgado chorro de agua, un pedazo de tierra, un elote, algún animal muerto que llevar a la mujer y me hice de un inmenso personaje trágico. Después de vivir con Abel días deslumbrantes, al despedirnos en aquella ocasión, me anunció que sustituiría sus cartones semanales por una página dominical que diera unidad al estilo del lenguaje con su dibujo tradicional. Sería otra manera de expresarse. Objeté y propuse alternativas sin éxito. Abel era Abel.

Cercanos el 6 de noviembre de 1976 y la aparición pública de *Proceso*, los sobrevivientes del golpe a *Excélsior*, periodistas allegados y amigos que lo serían para siempre, barajamos nombres para integrar el consejo de administración de la revista. El nombre de Abel se impuso por sí mismo. Celebrado, gran figura del periodismo, sería vocal. Hablé con él y le propuse su incorporación al directorio. Nacíamos inseguros, convulsos, nos hacía falta. Aceptó en términos sencillos, sin comentario mayor.

Me pareció natural pedirle un primer cartón y los subsiguientes, semana a semana. La vida de *Proceso* no sería efímera, le dije enfático. Me dijo que no. Solicité su autorización para reproducir en la revista los dibujos que aparecieron por años en el diario y repitió la negativa. Le dije que él mismo seleccionaría sus trabajos sin periodicidad programada y me dijo que no. Le pedí un cartón especial para el primer número y me dijo que sí, pero que él lo elegiría. Fue atípico de la personalidad e historia de Abel. Se llama el "Adulador automático", un robot que termina diciendo: "¡Señor! ¡Señor! ¡Señor! Sí. Sí. Sí. Diga usted, Señor". Al pie del dibujo aparecieron unas líneas falsamente crípticas, reveladoras. Desde su origen, Abel Quezada dejaba establecida su distancia con *Proceso*. Decían las líneas indecorosas:

> Abel Quezada, quien colaborará regularmente en *Proceso* con dibujos originales, no se acostumbra aún a la idea de trabajar. Por ello reproducimos ahora el "Adulador automático", seleccionado de su libro *El mejor de los mundos imposibles*.

Abel fue ajeno a nuestro sueño. Quebrantado mi ánimo frente a su prestigio enorme, no me atreví a decirle que en esas condiciones estaba de más su nombre en el directorio de *Proceso*.

Con el tiempo se desprendió de nosotros con inobjetable naturalidad. Su amigo íntimo, el ingeniero Jorge Díaz Serrano, "el mejor hombre de México", lo llamó; Abel resentía los frecuentes golpes de la revista en contra del director de Pemex. Nunca protestó, nada dijo, pero llegó la hora de su decisión irrevocable: entre su amigo y la revista, optaba por su amigo. Nunca negó sus relaciones con la industria petrolera ni su cercanía con Díaz Serrano. Sus contratos apuntaron a la perforación de pozos, los de mejores dividendos.

La conversación con Abel fue tranquila, como si nos encontráramos cómodos en la dirección de Reforma 18. No hubo un gesto, una palabra de más. Lo recuerdo de trato suave y una sonrisa clara que invitaba al desenfado, al buen humor. No pasa nada, decía sin decir. A veces fumaba puro con la elegante sencillez de un adepto a los cigarros. Me decía "Gran Julio"; yo, "Abelino".

Allá por los noventa Abel se comportaba como un magnate, porque lo era. Viajaba a Nueva York para asistir a un concierto de Pavarotti, desayunaba en el Waldorf y regresaba a México ese mismo día o a la semana siguiente. Disfrutaba de la vida y trabajaba sus cuadros con sus ojos de adolescente sin edad, maravilla de adolescencia perenne.

Gabriel García Márquez escribió el prólogo del libro editado a todo lujo en Milán (1989), *Abel Quezada, el cazador de musas*. Dijo el Nobel:

> En el siglo en que la pintura parece alejarse cada vez más de la vida, él [Abel Quezada] es un salteador de caminos de la memoria cotidiana, que anda a campo traviesa echándose en el saco todo lo que corre el riesgo de perderse para el mundo por las desidias del corazón.

Por aquella época, colgados de las paredes de su casa, conocí algunos cuadros al óleo que me perturbaron por su ingenuidad casi pueril. Dicen que se trataba de pintura naíf. Nunca supe bien a bien qué se quería decir con la palabra naíf. A mí me parecía que la obra de Abel revelaba una pasión, sin retoque, por la sagrada humanidad de todos los días.

El fílder del destino es sorprendente. En un campo de beisbol, verde aún su pasto, jugoso e inmenso un cielo que ya no es gris ni azul, de pie en el centro vacío del infinito, el fílder mantiene la cabeza en alto y sólo él puede seguir el vuelo de una pelota que ascenderá y ascenderá mientras la Tierra exista. A Vicente Leñero también le atraía el cuadro como ninguno otro de la colección de Abel. Le dijo que se lo vendiera, que ahorraría hasta alcanzar la cifra que le pidiera.

Como la pelota, el jardinero desapareció. Averiguó Vicente, sin certeza, que habitaba en la casa de un millonario italiano, coleccionista esmerado de obras de arte. Hay indicios para pensar que se trataba de una mansión romana del siglo XVIII. En ella, *El fílder del destino* ocupa su propio cielo.

"El cazador de musas" montó un convoy de ocho vagones para cincuenta y dos pasajeros. Viajamos juntos "Los Divinos" en "el tren de los amigos", como llamó Abel a su juguete. En el cabús, tripulantes de segunda, se miraban deslucidos los presidentes que Abel había conocido: Adolfo Ruiz Cortines, Adolfo López Mateos, Gustavo Díaz Ordaz, Luis Echeverría Álvarez, José López Portillo y Miguel de la Madrid Hurtado.

Repasé rostros y nombres y encontré a Gabriel García Márquez, Carlos Fuentes, Octavio Paz, Julio Cortázar, Juan Rulfo, Agustín Yáñez, Carlos Monsiváis, Tito Monterroso, Hero Rodríguez Toro, Luis Buñuel, Alberto Isaac, Alfonso Reyes, Manuel Tello, Alí Chumacero, Jaime García Terrés, José Emilio Pacheco, Juan José Arreola, pero no encontré a Jorge Díaz Serrano, a quien, alguna vez, en un cartón a toda página, Abel propuso para presidente de la república.

Asomado a una de las ventanillas, no pude disfrutar del viaje en el ferrocarrilito. No alcanzaba a comprender qué hacía ahí. Abel y yo supimos uno del otro durante treinta años y no compartimos un solo fin de semana. Más aún, vencido por el cáncer, en días opacos, tristes como un llanto, Abel se apartó de la vida y en señal de adiós como cartonista envió a los diarios cuatro cartones con su viejo, genial estilo. Para *Proceso* no hubo signo alguno, un trazo, una postal.

A Carlos Monsiváis, asistente a las exequias de Abel, le hablé de esta relación extraña. Carlos me dijo que Abel se expresaba de mí con afecto y que más de una vez me aludió como hermano, incluso ya avanzada la metástasis en su cuerpo sin salvación.

—¿Entonces, Carlos?

La respuesta se le iba a Monsiváis, que quiso mucho a Abel, y le pedí palabras claras. Lo sentí sin ganas de tocar el punto.

—No sé.

—Usted lo trató como muy pocos.

Abel murió con su familia, con Yolanda y los hombres de su clase.

Carlos Hank González

Pensé que Carlos Hank y yo podríamos ser amigos y que nuestra relación la harían perdurar Guadalupe Rhon y Susana Ibarra. El espíritu de nuestras reuniones iba del buen humor a naturales consideraciones sobre el país, de la vida de todos los días al énfasis sobre la familia, los hijos. Nosotros viajábamos a Toluca con frecuencia y ellos conocían nuestra casa y cómo vivíamos.

Carlos gobernaba el Estado de México y el tono de su voz, afectuoso y persuasivo, educado para salvar momentos de tensión, hacían de él un anfitrión sapiente. Guadalupe le seguía el ritmo con la tersura de una pareja.

Después de las doce de la noche —no se daban entre nosotros las reuniones breves—, Guadalupe acostumbraba despedir a Susana con un detalle exquisito. A la puerta de la casa, el automóvil encendido para emprender el regreso a la ciudad de México, le obsequiaba una canasta con dulces típicos, los del mercado y las ferias, incluidos los muéganos que se derriten en miel. Manos adiestradas habían distribuido ordenadamente las golosinas sobre una carpeta de tela rústica, bordada a mano.

Una noche, preocupado por un problema de trabajo, le pedí a Carlos que me indicara el sitio desde el cual pudiera hablar por teléfono.

—Sólo unos minutos —me disculpé.

—Te acompaño.

—Tú sigue platicando.

Habría de caminar en línea recta hasta el hermoso cuadro de una mujer que aún era niña y de ahí a la izquierda. Toparía con dos puertas iguales. Tras una de ellas (Hank me había precisado cuál), encontraría el teléfono y todo lo necesario: una mesa, una silla, lápices, hojas en blanco y un directorio.

Me confundí y abrí la puerta que no debía. Incrédulo observé, en orden, unas sobre otras, canastas y más canastas. Me llegó abrumador el eco de las palabras de Guadalupe: "Con todo el amor que sentimos por ti, Susana".

Las canastas rebosaban de membrillos, ates, obleas, alegrías, los dulces envueltos en carpetas bordadas con hilos de colores.

La noticia me sorprendió, ya en la noche de un 24 de diciembre. Carlos Hank nos había regalado a todos, a la familia, una camioneta último modelo. Éramos muchos y sólo cabíamos en un vehículo grande, nos había hecho saber en un mensaje sencillo. Eran días de fiesta y en la casa la algarabía rebasaba el entusiasmo. Protesté lo necesario, sin ánimo de discutir. "Está bien", dije.

Le platiqué de Hank al doctor Samuel Máynez Puente, de quien podíamos esperarlo todo, siempre dispuesto a la generosidad. Percibí su disgusto por el gran automóvil, oscuro el rostro. Alguna vez Samuel nos había platicado de un paciente que lo miraba como a un Dios terrenal. "Máynez me salvó la vida", contaba y se perdía en detalles.

Se trataba de un joyero de buena fama, Sydney Leff, y sin sonrojo le pedí a Samuel que le encargara unos aretes de esmeraldas, montadas las piedras con el trato fino del artista. "Esmeraldas colombianas", le decía a Samuel para subrayar las maravillas que demandaba, "de ésas que no tienen bosque, de ésas translúcidas, de ésas que no existen."

Llegó el día que aguardábamos con impaciencia y Susana le entregó a Guadalupe nuestro regalo. La escena fue de extrema sencillez: una pequeña caja revestida de papel sedoso que suavemente pasó de la mano de Susana a la de Guadalupe.

Creo que el momento lo disfrutamos todos. Susana y yo escuchamos palabras de gratitud, conmovedoras las de Guadalupe a Susana y las expresiones grandilocuentes de Carlos. Guadalupe se recogió levemente el cabello, se desprendió de sus aretes, y se acomodó los nuevos. Dejó que miráramos las esmeraldas y la mirásemos a ella.

En la casa, la camioneta era una tentación. Ana, aún jovencita, se empeñó en manejarla. Sabía cómo, había practicado con Pablo, su hermano mayor. "Sólo una vuelta a la manzana, por favor." Era el día de su cumpleaños, Susana cedió y la camioneta fue a estrellarse contra un poste. El automóvil quedó de tal manera maltrecho que lo tuvimos por inservible. El disgusto tuvo su recompensa: no hubo lesiones.

Pocos días después reapareció Hank. De nuevo nos enviaba el regalo que la familia necesitaba. No era una camioneta, pero sí un último modelo de cuatro puertas, brillante su azul oscuro. La irritación me raspó por dentro. No esperé un minuto. Le pedí a Pedro, entonces nuestro hijo menor —faltaba María—, que me acompañara a Toluca. Ahí dejamos el automóvil.

Carlos se presentó en la casa al día siguiente. El amigo atento, el verdadero amigo, el hombre más allá de las circunstancias, le dijo a Susana, no entendía mi conducta. Él, Hank, tenía dinero de sobra y lo valoraba sólo como un instrumento para resolver problemas y hacerse de un bien estar legítimo. En su contabilidad, un automóvil no alteraba la aguja de la balanza. Susana fue terminante: ni un coche ni diez valían un disgusto conmigo. "Lo conoces", cortó.

Para nosotros cambiaron los términos de una relación que habíamos imaginado de otra manera, para Hank no. De agenda rigurosa, fiel a las costumbres sencillas que se estilan entre las personas que se quieren, se hacía presente con regalos que algunas veces correspondíamos: una chamarra de cuero para Gabriela en el día de su santo, arreglos de flores y frutas en el cumpleaños de Susana, adornos sencillos para la casa, parecidos a los que ellos habían comprado por esos días.

Una noche nos reunimos en su rancho, famoso en Santiago Tianguistenco y más allá. No era posible olvidar la buena época que habíamos compartido. Fueron horas que se prestaron a la evocación sin malicia. Sabíamos, sin embargo, que la vida entre nosotros discurriría por caminos opuestos.

Espontánea como era, Susana no contuvo los adjetivos frente a una cantina y un biombo chinos recién adquiridos por Carlos y Guadalupe. No habría más negro que el negro negrísimo de la madera que realzaba las fantasías orientales, formas y figuras talladas en marfil, arte insólito que combinaba los méritos de la filigrana y la escultura.

Seguiría la locura. Carlos y Guadalupe nos hicieron llegar el biombo y la cantina que tanto había ponderado Susana. El mensaje nos pareció claro: se trataba de un regalo personalísimo que sólo a costa de un gesto ofensivo podríamos rechazar.

Pasó un tiempo y nos reunimos de nuevo, en la casa. Ya en la calle, despidiéndonos, Susana y yo les pedimos que nos aguardaran un minuto, sólo uno. Regresamos con una pintura en esmalte que mis padres nos habían regalado el día de nuestro matrimonio. Se trataba de una mujer desnuda de la cintura para arriba, la sonrisa apenas insinuada en unos labios carnosos y el rostro levemente ladeado en una actitud provocativa. Los cabellos dorados descendían hasta la altura de los hombros y los senos se mostraban soberbios, sabedores de que su belleza valía lo que valía el mundo.

Para mantener el ánimo que a veces decaía en *Proceso*, cabizbajo más de uno, decidimos jugar beisbol. Promotores de la idea fueron Vicente Leñero y Juan Miranda, jefe de fotografía. Hablamos con autoridades de la UNAM y nos ofrecieron un terreno bien cuidado con todo y almohadillas en primera, segunda y tercera bases. Sólo Vicente, Juan y algún otro llegaban la pelota de la lomita del pitcher al home pero no la llegaban del catcher a segunda base. Sin embargo nos bastaba, disfrutábamos del sol sabatino y ahuyentábamos las sombras de la semana.

Un compadre muy querido, José de Lima, amigo de Hank, le contó de nuestras andanzas. Hank era el regente y un viernes, día de cierre de la revista, observamos una camioneta del Distrito Federal que se estacionaba frente a nuestras oficinas, en Fresas 13. Trabajadores amables, sonrientes, descargaron cajas y costales con pelotas, manoplas, bats, y la promesa de que pronto tendríamos uniformes con el logotipo de *Proceso* en rojo. Había bats largos y pesados, manoplas especiales del primera base, las más cortas de los jardineros, la rejilla de fibra de vidrio que protegía al catcher de los fouls de los bateadores y los lanzamientos descontrolados del pitcher.

No aceptamos el regalo y nos olvidamos de las cajas y su contenido. Seguimos yendo los sábados al campo de beisbol. Jugábamos con el sol.

Enrique Maza conoció otro Hank, el Hank de la violencia. Empresario y político, unió la fuerza de ambos para hacerse imbatible: el poder. Lo vivió a plenitud. Ejerció el tráfico de influencias como un oficio y se hizo multimillonario. Daba a manos llenas y se reservaba los dineros mayores.

Enrique Maza no es un testigo cualquiera. Jesuita a salvo entre tormentas que datan de cuarenta años, ha sostenido valerosamente que no cree en la Iglesia Católica como poder, que no puede tenerse como hijo amante de Dios, porque Dios es una abstracción y a las abstracciones no se les puede amar emocional ni intelectualmente, que rechaza el mundo del hambre y a su lado una Iglesia opulenta y deshumanizada.

Formado en sus convicciones, hombre que ve de frente, cuenta acerca de Hank:

Fue en los años setenta. Vivía entonces en Ciudad Nezahual-cóyotl, en la calle de Cucaracha número 20. Época peligrosa, los colonos levantados en huelga de pagos.

Protestaban contra un fraude que los despojaba de lo poco que tenían. Un grupo de fraccionadores privados, apoyados por el gobernador, se habían apropiado de la tierra inmensa del lago de Texcoco, algún día lugar de agua transparente. Nada los detenía en su codicia. Vendieron lotes a compradores ilusionados que llegaban de distintos puntos de la república en busca de trabajo y un modo de vivir. Los terrenos fueron vendidos dos, tres y hasta cuatro veces. Se desató la ira. Sobrevino el caos.

Los jesuitas que vivíamos en Cucaracha 20 —un lodazal en tiempo de lluvias, un arenal en tiempo de secas— nos reuníamos con los colonos y sus líderes. No tenían manera de asirse a la existencia. El agua llegaba en pipas si llegaba y provocaba disputas peligrosas. Noche a noche la emprendíamos al aeropuerto Benito Juárez para regresar a Neza con la comida sobrante de los vuelos. La huelga calaba y los explotadores se enfurecían.

Fui a Toluca por encomienda de los colonos. Sin preámbulos Hank me abordó:

—¿Qué es lo que quieren? ¿De qué se trata? ¿Por qué esa huelga de pagos que a todos daña?

Relaté lo que él ya sabía:

La huelga respondía al despojo de lotes, al tráfico inmoral con su venta, a la falta de agua, falta de electricidad, insalubridad, enfermedades que se agravaban peligrosamente, infecciones, anemia, males respiratorios, desempleo, noches a la intemperie y una violencia que se veía venir.

Agresivo, Hank dijo que las juntas tenían lugar en la Cucaracha y no permitiría que siguieran adelante. Nosotros las organizábamos, declarada la huelga, incendiábamos el ánimo de los colonos.

El gobernador se incorporó de su asiento y sobre una mesa extendió un mapa de Ciudad Nezahualcóyotl. Me llamó a su lado:

—Elige el terreno o los terrenos que quieras, dime qué templo quieres y te lo construyo, pero suspende la huelga.

Respondí que no aceptábamos terreno alguno y menos un lote para la construcción de un templo. Fui terminante, como él: exigíamos orden en Neza y que los fraccionadores proporcionaran los servicios a que estaban obligados por ley. Hablé de un espacio de dignidad.

Hank lanzó la amenaza, abolidas las formas:

—A ustedes [los jesuitas] no los voy a tocar, pero sí voy a tocar a los líderes y colonos que ustedes protegen.

Volví a Nezahualcóyotl tan pronto como pude. Vi casas en llamas, las carreras en círculo enloquecido de la gente, el espanto y la sangre, las macanas, caras desfiguradas. Llegué a Cucaracha número 20, nuestra casa, vacía. En la polvareda, todos atendían a todos. Los jesuitas, mis compañeros, intocados. Poco a poco se fue poblando hasta reventar su espacio reducido. Hombres y mujeres huían de la furia desatada y adentro lloraban o maldecían.

No fue éste mi único encuentro con Hank. Cenábamos en casa de amigos, yo junto a Carlos Romero, entrañable. Había trabajado en Nacional Financiera y se desvivía por los colonos. Todos hacíamos un esfuerzo para evitar el tema hiriente. De pronto Hank, casi en un exabrupto, me ofreció la

Secretaría de Educación Pública en el estado. Desde ahí, me dijo, puedes hacer mucho bien, sobre todo en Nezahualcóyotl, ciudad que tanto quieres.

Le di las gracias, palabras sin sentido, huecas. No trabajaría para él ni bajo las circunstancias que yo estableciera. Traicionaría todo aquello por lo que yo luchaba y me haría cómplice del poder, la injusticia, la inmoralidad que rechazaba hasta donde podía. La temperatura de la cena cayó de golpe.

En un capítulo que podría figurar en la Decena Trágica, Heberto Castillo da cuenta del relato que le hiciera Alfonso Martínez Domínguez acerca de los acontecimientos del 10 de junio de 1971, jueves de Corpus, "día de los Halcones". Luis Echeverría era presidente de la república, Alfonso Martínez Domínguez regente de la ciudad y Carlos Hank González gobernador del Estado de México. Se reunieron en Los Pinos, a comer. También acudió el ingeniero Raúl F. Ochoa, director de Obras Públicas del Departamento del Distrito Federal.

Escribió Heberto, el 11 de septiembre de 1979, la historia de aquel día. Bastan algunas líneas para dar cuenta de su brutalidad:

El teléfono volvió a sonar. El ayudante volvió a aparecer. Echeverría volvió al teléfono.

—¿Herido uno de los nuestros? ¿Muerto? Al Campo Militar. ¿Hay más enfrentamientos, muchos heridos? Todos al Campo Militar. ¿A la Cruz Verde? No, no. No permitan fotos. ¡Quémenlos!

—Quemen a los muertos. Que nada quede. No permitan fotografías.

Frente al relato criminal, Hank y Ochoa se ocultaron en ellos mismos. Más allá de las circunstancias a las que se quisiera aludir, el episodio, aun falso, infamaba. La crónica oficial ya había sido contada y hasta entonces, hasta el texto publicado en *Proceso*, no se les había mencionado en su calidad de cómplices mudos en la tragedia. Además, habían transcurrido los años y la política avanza como no avanza el tiempo, es otro su tiempo, otros sus días y cambia y se sosiega como las tolvaneras que ocultan el sol y súbitamente se disuelven para dar paso a un cielo despejado. Y ellos, confiados en el tiempo, nunca habían hablado.

Además, Hank decía —repetía siempre— que el presidente de la república era el único poder aquí en la tierra; nunca caería en el error capital de contradecirlo o poner en duda que, en labios del presidente, era cierto que las manecillas del tiempo caminaban al revés.

El 17 de enero de 1975, en el ejido "El Capullo del Rosal", en Jilotepec, Estado de México, el gobernador se dirigió en estos términos a su hombre providencial, el Dios permanente de su culto:

¿Por qué puede darse el hecho de que el presidente de la república pueda comparecer ante su pueblo? Porque tirios y troyanos están de acuerdo en que hay honestidad en el pensamiento y la conducta de Luis Echeverría al frente del gobierno, porque sabemos muchos mexicanos que estamos de acuerdo con él y hay otros que no están de acuerdo, pero todos los mexicanos sabemos que es un gobernante apasionado de su pueblo, de su historia, que es un hombre que lucha todos los días con honestidad, con veracidad, que no tiene miedo a escuchar las críticas a su gobierno y las críticas a sus funcionarios, sino al revés: las propicia y hace que surjan para tener fuentes de información que le permitan remediarlas, para tener datos que le permitan exigir a sus colaboradores una mejor conducta, una mayor eficacia al servicio del pueblo de México.

[A la juventud] está diciéndole usted, señor presidente, con su veracidad acostumbrada, cuántos y cuántos problemas hay en México, cuántos yerros que corregir, cuántas y cuántas enfermedades del alma de los mexicanos, cuántos vicios en las instituciones por nosotros creadas, cuántas cosas que hacer esperan a las nuevas generaciones.

[Fervoroso, terminó el gobernador]: Muchas gracias, señor presidente, por regalarnos este día.

El año 1985, retirado de la política, Carlos Hank dictó su biografía a Fernando Benítez. Autor del prólogo, Benítez interroga al mexiquense para dar forma al libro. Las preguntas resultan vacías, como la visita rápida a una galería de autores conocidos. Sin explicación pública, *Relato de una vida* no fue distribuido comercialmente.

El prólogo abre así:

No llegaba a los treinta cuando ya su nombre aparecía en las listas de precandidatos a gobernadores. Su triunfo económico provocó envidia, su posición en el gobierno le acarreó enemigos, su honradez y carisma personal le ganaron recelos.

Su misma vida de empresario la inició en Atlacomulco. Estaba seguro de su destino y enfilado al porvenir, sabía también que todo estaba en sus manos. Muy pronto su actividad se amplió; sus negocios proliferaron y crecieron, y el dinero parecía llover sobre su persona.

Hank cuenta que el poder presidencial lo vio con buenos ojos y aun lo impulsó en su doble carácter de político y empresario. En su caso, la relación se dio bajo un cielo diáfano, sin las nubes malignas de las interpretaciones dolosas. Sostuvo dos entrevistas culminantes. La primera fue con el presidente Gustavo Díaz Ordaz; la segunda, con el presidente José López Portillo.

Pertenece al libro la historia que sigue:

Antes de ingresar a Conasupo [Hank], se dirige a uno de sus mejores amigos y socio, José Cruz:

—Oye Pepito, voy a ser director de la Conasupo y no quiero tener negocios; por lo tanto, los que son de los dos, por supuesto se te quedan a ti y me pagas mi cincuenta por ciento. Mi negocio lo voy a vender… y si quieres te lo vendo a ti. Te informo además que no necesito dinero, porque lo voy a invertir en Bonos del Ahorro Nacional, no voy a hacer negocios. Si te interesa me pagas como quieras, nada más me dices cuándo.

—Carlos, me vas a vender muy barato.

—No importa. Quiero el valor en libros, pero con una condición: cuando yo salga del gobierno, si quiero, te compro tu negocio al valor de los libros de ese momento.

Se hizo cargo José Cruz y yo me libré de los negocios (se trataba de empresas dedicadas al transporte de petróleo).

[A José Cruz le dio miedo manejar estas tres empresas por sus dimensiones, de manera que Hank hace una visita a Díaz Ordaz para comentarle el problema.]

—Soy director de la Conasupo señor presidente, y tengo mis empresas de camiones.

—Sí, lo sé. ¿Cuál es el problema?

—No quiero que haya cruzamiento en esas cosas.

Y le platiqué la historia: le vendí a José Cruz las empresas [...] pero se rajó por miedo. Yo ya me había hecho cargo de mi empresa [...] sólo que me iba a tardar meses en venderla. No era fácil.

—Se lo prohíbo —me dijo el presidente— ¡Esa empresa es el patrimonio de sus hijos! ¿Cómo me sale usted que va a vender el patrimonio de sus hijos? Estoy absolutamente seguro que usted nunca va a usar su influencia como funcionario público para su negocio. Lo ha hecho sin influencia [...] pues lo seguirá manejando sin influencia.

—Muy bien, señor presidente.

Sobre la entrevista con López Portillo, inicia Benítez:

El 1º de diciembre de 1976 toma posesión en el Departamento del Distrito Federal. Pide una cita con López Portillo para plantearle la venta de sus empresas.

—¿Y a quién se las va a vender, a Monterrey?

—Pues sí, son los que compran las empresas.

—No lo haga: si va a vender las empresas, que yo no lo deseo, véndaselas al gobierno. Porque la producción de aceros especiales, la producción de esas grandes calderas para las industrias, es mejor que las tenga el gobierno. Platique con Padilla Segura para que vea las condiciones de venta.

—Eso no es conveniente porque somos amigos y fuimos compañeros de gabinete con Díaz Ordaz. ¿Por qué no se lo encarga a José Andrés de Oteyza? Me parece bien, porque apenas nos conocemos y es un hombre muy recto y enérgico. Así no habrá sospechas de que posiblemente un amigo mío me ayudó... y cosas por el estilo.

—Don Carlos, yo le pido que no venda su grupo de empresas, al contrario, hay que fomentar grupos empresariales. Son muy pocos los que hay en México. No lo venda, déjelo en manos de sus hijos.

Consulté con mis hijos y Carlos me dijo:

—Tu vocación es la política.

—Sí —le dije—, pero y ¿las empresas?

—Déjalas… si te hace falta yo te mantengo.

—Bueno, eso me parece una buena solución.

En efecto, mis hijos me mantienen desde hace rato. Bueno, me mantienen de esta forma:

Yo vivía de mis sueldos como presidente de los consejos de administración de diversas empresas. Cada una me pagaba un sueldo, pero cuando yo estaba en algún puesto público no trabajaba para las empresas y me seguían pagando un sueldo. Por eso digo que me mantenían.

Confió Carlos Hank a su amigo Fernando Benítez:

Tengo muchos amigos y algunos ligados de por vida. Mis amigos opinan que soy muy generoso, porque son mis amigos. Será porque jamás he amado el dinero; siempre pensé en ganar dinero y ya has visto que desde niño he hecho negocitos y después negocios y más tarde negociotes. No amo el dinero pero me gusta vivir bien. Y vivir bien cuesta dinero. A mí no me pesa desprenderme del dinero ni de las cosas. Entonces, si puedo obsequiar a alguien, lo hago con mucho gusto.

Con la complicidad de Carlos Hank González y la cadena de presidentes que va de Luis Echeverría a Vicente Fox, Jorge Hank Rhon fue el beneficiario del despojo a la nación de una superficie de 203 500 metros cuadrados, ubicados en la zona de oro de Tijuana, que colinda con San Diego. El atraco descomunal le permitió montar, a través del Hipódromo de Agua Caliente, un centro de apuestas que abarca la república y se extiende por el mundo. La riqueza tiende a engendrar su propio vacío, oquedad en la que cayó Hank Rhon. Ahora quiere el poder de la política, el poder sobre los hombres, y en un ambiente de corrupción, el poder sobre sus conciencias.

A la sombra del inmenso poder del hombre de la mano suave y la sonrisa cautivadora, Carlos Hank González, Enrique Olivares Santana, su amigo, profesor rural como él, modificó un acuerdo de la Secretaría de Gobernación que arrebató a la nación esa enorme extensión para el usufructo personal de Hank Rhon. Bastaron siete palabras y la firma de Olivares Santana, sucesor de Jesús Reyes Heroles en Gobernación, para que la operación se consumara sin oposición frontal. Todo al estilo del Profesor, el gangsterismo "limpio", el arte cultivado de las formas.

Jorge Hank Rhon se instaló en Tijuana a finales de los ochenta y ahí empezó a escribir su propia historia. Se inició en el mundo del juego a los veinticinco años y en poco tiempo fue reconocido como uno de los "top cats" de la región, los gatos mayores en la jerga de los apostadores.

Protegido por una prórroga irregular en la concesión del Hipódromo de Agua Caliente, solicitó, además, un crédito por 68 millones 669 mil pesos al Banco Unión, entonces propiedad de Carlos Cabal Peniche. Hank Rhon avaló el adeudo con terrenos del hipódromo concesionados por el gobierno federal y tiempo después entregó en pago los terrenos al Fobaproa, con la circunstancia de que entonces dicho Fobaproa ya era dueño del banco. El despojo, el fraude y el peculado dan idea de las complicidades a las que se recurrieron para favorecer al hijo del Profesor. Habría que agregar que el Fobaproa aceptó estos terrenos en pago, conocedor de que el verdadero propietario de esos terrenos era el propio gobierno federal.

La turbiedad de maquinaciones de semejante magnitud despertó la inquietud entre algunos legisladores que decidieron seguirle los pasos a Hank Rhon. La pesquisa dio inicio el 10 de marzo de 1988, a iniciativa del ex alcalde de Tijuana y diputado panista José de Jesús Reyes, secretario de la Comisión de Asuntos Fronterizos.

La pesquisa fue frenada no obstante que un informe de la Secretaría de Gobernación da cuenta de la documentación en que se sustentan los contratos, inversiones, cesiones y fraccionamiento de predios, derechos notariales y responsabilidades fiscales incumplidos, que confirmaban los derechos de la federación sobre la propiedad del Hipódromo de Agua Caliente, en manos de Hank Rhon, y un persistente atropello contra la nación.

En una conversación abierta con el licenciado Manuel Bartlett, en noviembre de 2006, le dije que Carlos Hank González representaba para mí un símbolo de la corrupción. Maestro en su materia, tenía muchos seguidores, todos pequeños a su lado.

Bartlett me dijo que había una coincidencia en nuestros pareceres. A él, Hank le parecía también el gran personaje mexicano de la corrupción. Atentaba contra el principio rector de la función pública, que prohíbe su simbiosis con la iniciativa privada. Pero no sólo eso. En su ambición sin límite había contado con la complicidad explícita de los poderes de la Unión, todos juntos para vergüenza de la nación.

Me contó que en su tiempo de jefe de gobierno de la Secretaría de Gobernación, allá por los setenta, redactó y firmó un documento escrupuloso que precisaba los alcances en el funcionamiento de Agua Caliente. Redactó un texto y dejó clara, inequívoca, la posesión del gobierno federal sobre la superficie en que se asentaban el hipódromo y los negocios que a él podrían agregarse. No cabía duda: los terrenos federales eran inalienables, patrimonio de la nación.

En su momento, tuvo noticia de las modificaciones sustanciales a su documento, pero ya había transcurrido largo tiempo. No recordaba la fecha en que había firmado su propio estudio, mucho menos la fecha y el autor del decreto que entregó a Jorge Hank Rhon el usufructo de bienes pertenecientes a la república.

Le pedí una entrevista que pusiera en claro el despojo a la nación, que él mismo había calificado como "el despojo del siglo". Me dijo que no tendría sentido hablar sin un sustento documental. Insistí: el hecho en sí mismo representaba una revelación de excepcional importancia. Bastaba con asomarse a lo que era aquello, y después proseguir la historia: Agua Caliente asentado sobre terrenos federales y las manos libres para que el hijo del profesor Hank González se manejara como le viniera en gana. Además, el hipódromo había dejado de ser hipódromo, canceladas las carreras de caballos y mantenidas las de galgos. Hecho tan simple cancelaba por sí mismo la concesión en estricto mérito de la ley.

Le pedí a Bartlett que grabáramos la conversación. Me dijo que no. Le pedí que dictara la historia a su secretaria, fidelísima, con veinte años a su lado. Me dijo que no. Sin los papeles no tendría sentido emprender un trabajo de esa envergadura, subrayó.

Busqué los documentos. Le pedí a Rogelio Flores, jefe de archivo de *Proceso*, que los encontrara al precio de su vida. Los encontró y se los llevé a Bartlett. Aceptó de inmediato. Le dije que frente al despojo a la nación, él, Bartlett, actor central en la historia, estaba obligado a hablar.

Lo recuerdo entre libros, cuadrado, su escritorio amplio de sólida madera rústica. Él me ofrecía café en nuestros repetidos encuentros. Yo le llevaba algún libro, en correspondencia estricta. "Está bien. Voy a trabajar. Nos vemos en quince días", me dijo Bartlett.

El 29 de noviembre me entregó diez cuartillas dictadas a su secretaria, tenían como título: "Hipódromo de Agua Caliente". Ésta es la historia:

Tengo a la vista fotocopias de los documentos que me entregó en propia mano Julio Scherer García y que contienen el proceso seguido en la Secretaría de Gobernación para la "desincorporación" de terrenos del Hipódromo de Agua Caliente, situado en Tijuana, Baja California. Firma el 28 de diciembre de 1981 el entonces Secretario de Gobernación, profesor Enrique Olivares Santana. En este documento se reproduce el Acuerdo por el que se concede permiso para que el Hipódromo de Agua Caliente opere carreras de caballos y galgos en el estado de Baja California, que yo firmé el 17 de agosto de 1973, en mi calidad de Director General de Gobierno de la Secretaría de Gobernación. La reproducción se hace para reformar la condición cuarta del texto original, como veremos más adelante.

Me pregunta Julio Scherer por el alcance de este documento, en una de cuyas partes aparece mi firma, precisamente en el permiso que da origen a la peculiar historia de lo que hoy es una empresa que cuenta con centros de apuestas en toda la república: "Caliente". Participé en la historia en dos momentos diferentes, primero como Director de Gobierno en el periodo de 1970 a 1976 y años después como Secretario de Gobernación, 1982-1988.

A la Dirección de Gobierno correspondía la responsabilidad de regular la operación de la Ley de Juegos y Sorteos que se manejaba con un jefe de oficina, hoy para hacer lo mismo se cuenta con una Dirección Adjunta de Juegos y Sorteos como resultado de la Ley de Parkinson: inflación de la burocracia. Dentro de esta responsabilidad estaba la supervisión de los hipódromos y galgódromos autorizados en el país: Tijuana, Ciudad Juárez y el Distrito Federal, éste en terrenos que son, o ¿eran?, de la Secretaría de la Defensa Nacional.

Al inicio de mi gestión, la situación del hipódromo de Tijuana era por demás irregular. El concesionario era un señor de nombre Jony Alessio, entonces procesado en San Diego, E. U., tengo entendido, por tráfico de divisas. La concesión estaba vencida y casualmente se "incendia" la antigua construcción de madera, destruyéndose todo. Informado de lo anterior el presidente Echeverría por el Secretario de Gobernación, Mario Moya Palencia, ordena se prepare un título de concesión para ser otorgado al licenciado Fernando González Díaz Lombardo.

Se llevó a cabo un estudio de las concesiones para hipódromos a nivel mundial. Definido el proyecto se precisan los objetivos centrales: preservar en su integridad al hipódromo como una atracción turística de gran importancia para Tijuana; asegurar la construcción de instalaciones a la altura del arte; y finalmente para la preservación de la fuente de empleo y turismo, asegurar que los terrenos en su integridad e instalaciones pasaran a propiedad del gobierno federal, sin costo alguno, al término de veinticinco años. Para lo anterior, se dejó establecido y formalmente anotado en el Registro Público de la Propiedad en Tijuana que todos los elementos constitutivos del hipódromo quedaban afectados a los fines del permiso, con la prohibición de reducirse, enajenarse o gravarse en forma alguna, dado que la concesión implicaba, como se ha dicho, un derecho real del Gobierno Federal al término de la concesión, que no podría afectarse.

El primer paso fue asegurarse que los terrenos en que se asentaba el viejo hipódromo, indispensables para preservarlo, no se vendieran. La destrucción de las instalaciones por el sospechoso "incendio" facilitaba la intención del anterior concesionario de convertir el espacio en un fraccionamiento. Se le hizo saber al señor Alessio que tratándose de un asunto de interés público, procedería una expropiación, por lo que se le aconsejó vender al nuevo concesionario los terrenos, ya entonces muy valiosos por su ubicación. Así se hizo.

El licenciado González Díaz Lombardo hubo de presentar a la Secretaría de Gobernación un proyecto integral del hipódromo, con las especificaciones que le fueron señaladas. El gobierno ofreció apoyo para financiar la obra, cuyo monto se elevaba a varios millones de dólares. El apoyo no se concretó y el licenciado González Díaz Lombardo acudió a su amigo, el profesor Carlos Hank González, quien generosamente le prestó esa elevada suma. La obra se concluyó. Un magnífico hipódromo moderno y atractivo se convirtió en importante imán turístico para Baja California.

Se mantuvo la operación del sistema denominado "libro foráneo" en el mismo hipódromo de Tijuana, en el centro de la propia ciudad de Tijuana y en los municipios de Mexicali y Ensenada, en el estado de Baja California. Estos centros de operación tenían por objetivo facilitar a los turistas la realización de sus apuestas exclusivamente en las carreras de caballos y galgos que tenían lugar en el Hipódromo de Agua Caliente. Se trataba de una simple extensión del mismo.

Sé que posteriormente, el profesor Hank le demandó a González Díaz Lombardo el pago del préstamo, y al no poder liquidarlo, el profesor tuvo a bien quedarse con la concesión.

En 1982 fui nombrado Secretario de Gobernación y muy pronto empezaron a recibirse quejas de diversos sectores de Tijuana, en particular del Sindicato del Hipódromo, Alba Roja, denunciando la segregación de una extensión importante de la superficie del hipódromo, pese a estar expresamente prohibida, como lo hemos señalado y registrado, la afectación a favor del gobierno federal.

Ante las diferentes protestas que recibí, se procedió a realizar una investigación en los archivos de la Dirección General de Gobierno de la Secretaría de Gobernación, correspondientes al sexenio anterior, de la que se desprende:

1. Con fecha 19 de octubre de 1981, el C. Amancio Ortiz López, solicitó a la Secretaría de Gobernación, autorización para segregar 233 308.93 m² de los 811 890.71 m² que constituyen la superficie total del terreno, los cuales serían vendidos a terceros, manifestando que esta solicitud la hacía en virtud de la precaria situación económica de la empresa y que con el producto de dicha venta la empresa se encontraría en aptitud de solventar sus compromisos económicos.

2. A dicha petición recayó, con fecha 21 de abril de 1981, un acuerdo de modificación a los párrafos primero y segundo de la condición cuarta del permiso original concedido el 17 de agosto de 1973. Esta modificación consistió en establecer que el terreno y demás elementos constitutivos del hipódromo, interpretando *a contrario sensu*, podrían reducirse, enajenarse o gravarse con el permiso previo de la Secretaría de Gobernación. Variación importante puesto que en el permiso original no se admitía en forma alguna esta posibilidad.

3. El 28 de diciembre de 1981, el C. Secretario de Gobernación acordó autorizar la segregación de una superficie de 233 308.93 m² del área total del terreno que conforma la unidad hípica del Hipódromo de Agua Caliente, S. A., tomando en consideración la precaria situación económica de la empresa y la necesidad de mantener y conservar una fuente de trabajo. En el mismo Acuerdo del C. Secretario, se manifiesta que del estudio económico financiero realizado por la dependencia a su cargo, se desprende que el posible resultado del producto de la enajenación, sobrepasara las necesidades para realizar los objetivos propuestos, a efecto de equilibrar la situación económica de la empresa.

4. El 20 de marzo de 1982, el Director General de Administración y Aprovechamiento Inmobiliario Federal de la Secretaría de Asentamientos Humanos y Obras Públicas, dirigió escrito al Gerente General del Hipódromo de Agua Caliente, S. A., notificándole, con fundamento en el artículo 24 de la Nueva Ley General de Bienes Nacionales, que corresponde a esa dependencia intervenir en la autorización de cualquier acto por el cual se pretendiera usar bienes o afectar los dere-

chos patrimoniales de la nación, y que por lo tanto para cualquier solicitud y trámite por el que se pretendiera reducir parte del área del hipódromo, debiera dirigirse a esa secretaría para que se determinara lo procedente y que de no hacerlo así, cualquier operación celebrada estaría afectada de nulidad.

5. El 19 de marzo de 1982, el Director General de Asuntos Jurídicos y de Legislación de la Secretaría de Asentamientos Humanos y Obras Públicas, dirige oficio al C. Lic. Javier Ibáñez H., notario público número tres de Tijuana, B. C., haciendo de su conocimiento que cualquier operación relacionada con los bienes constitutivos del hipódromo y galgódromo de Agua Caliente, S. A., estaría afectada de nulidad y que de intervenir como fedatario público se haría acreedor a la responsabilidad que procediese conforme a derecho y en el supuesto de ser notario del patrimonio inmueble federal, se le cancelaría su designación como tal.

6. El 20 de marzo de 1982, el Director General de Administración y Aprovechamiento Inmobiliario Federal de la Secretaría de Asentamientos Humanos y Obras Públicas, se dirigió al Director General del Registro Público de la Propiedad y del Comercio de Mexicali, B. C., para recordarle que desde el 31 de agosto de 1981, le solicitó inscribir en los libros correspondientes las restricciones a que se encuentra sujeta la propiedad del terreno y equipo constitutivo de la unidad denominada Hipódromo de Agua Caliente S. A., respecto a que no puede la empresa permisionaria reducir, enajenar o gravar los bienes del hipódromo, por establecerlo así el permiso original concedido por la Secretaría de Gobernación el 17 de agosto de 1973. El Registrador Público

de la Propiedad hizo la anotación que se le solicita el 23 de marzo de 1982.

7. El 1° de abril de 1982, el C. Raúl Baz Harvill, en representación del Hipódromo de Agua Caliente, S. A. de C. V., solicita el amparo y protección de la justicia federal en contra de las autoridades de la Secretaría de Asentamientos Humanos y Obras Públicas, basándose primordialmente en que la autoridad responsable aplicó retroactivamente, en perjuicio de su representada, lo dispuesto en el artículo 24 de la Ley General de Bienes Nacionales, publicada en el Diario Oficial de la Federación el 8 de enero de 1982, lo que violó en su perjuicio las garantías de legalidad e irretroactividad de la ley, prevista en los artículos 14 y 16 constitucionales, en virtud de que la modificación al permiso que originalmente se concedió al hipódromo, es anterior a la vigencia de la ley mencionada.

8. El Juzgado Sexto de Distrito en Materia Administrativa del Distrito Federal, en el Amparo 13/2, resolvió que efectivamente se habían violado en perjuicio del quejoso las garantías que consignan los artículos 14 y 16 constitucionales y por lo tanto le otorgó el amparo y protección de la justicia federal.

9. Inconformes con la resolución, las autoridades responsables interpusieron recurso de revisión, que fue resuelto el 16 de febrero de 1983 por el Primer Tribunal Colegiado en Materia Administrativa del Primer Circuito, confirmando en lo esencial la resolución del juzgado de distrito, lo que notificó por oficio al Director del Registro Público de la Propiedad y Comercio de Tijuana, B. C., para que cancelara la inscripción marginal consistente en que, "los bienes que constituyen el

terreno de la unidad del Hipódromo de Agua Caliente no podrán ser objeto de enajenación sin la previa autorización por escrito de los funcionarios de la Secretaría de Asentamientos Humanos y Obras Públicas".

Analizar todo lo anterior nos permite entender el alcance de la operación, sus "fundamentos" y consecuencias.

El documento que me entregó Julio Scherer para su comentario, coincide con la información que obra en los archivos de la Secretaría de Gobernación y se integra con los siguientes textos:

I. "Acuerdo por el que se concede permiso para que el Hipódromo de Agua Caliente, S. A., opere carreras de caballos y galgos en el estado de Baja California."

Documento firmado por el suscrito el 17 de agosto de 1973, en mi calidad de Director General de Gobierno, por Acuerdo del Secretario de Gobernación, el 31 de agosto de 1981 por el entonces Director General de Gobierno, Lic. Luis Dantón Rodríguez.

II. Acuerdo que modifica los párrafos primero y segundo de la Condición Cuarta del permiso del 17 de agosto de 1973, concedido al "Hipódromo de Agua Caliente, S. A., para que opere carreras de caballos y de galgos en el estado de Baja California". Este acuerdo está suscrito por el Director General de Gobierno, Lic. Luis Dantón Rodríguez, por acuerdo del C. Secretario de Gobernación, el 21 de abril de 1981.

III. Oficio No. 3053 de la Secretaría de Gobernación, dirigido al C. Amancio Ortiz López, Director General del Hipódromo de Agua Caliente, S. A., firmado por el C. Secretario de Gobernación el 28 de diciembre de 1981, profesor Enrique Olivares Santana.

Consideraciones

De los documentos anteriores, coincidentes con los archivos de la Secretaría de Gobernación, se desprende lo siguiente:

1. El Acuerdo que concede el permiso firmado por mí, como lo hemos señalado, fija como uno de sus objetivos centrales la preservación íntegra de la Unidad del hipódromo. En esta condición cuarta se precisa: "La Empresa deberá ser propietaria de todos los elementos constitutivos del hipódromo. Los terrenos, edificios, tribunas caballerizas, perreras, talleres, pistas, instalaciones, mobiliario y equipo, tanto administrativo como de servicios al público que integren la unidad del hipódromo, están en su conjunto, afectados a los fines del permiso <u>y no podrán reducirse, enajenarse o gravarse en forma alguna</u>".

   Asimismo, en la condición quinta se establece que al vencimiento del permiso, que fue por veinticinco años, la unidad del hipódromo y galgódromo con todos sus bienes pasarían a propiedad del gobierno federal.

2. El Acuerdo que modifica los párrafos primero y segundo de la condición cuarta del 17 de agosto de 1973, tiene las siguientes características:

   a) Modifica la condición cuarta de una manera muy simple, al final del texto del primer párrafo que decía "… y no podrán reducirse, enajenarse o gravarse en forma alguna", quitándole el punto final agrega la siguiente línea: "<u>sin el previo permiso de esta Dependencia</u>".

b) El Director de Gobierno para hacer la modificación del permiso, se funda en los artículos 2°, 3°, 4° y 7° y demás relativos a la Ley Federal de Juegos y Sorteos, artículos que no le confieren ninguna facultad a la Secretaría de Gobernación para "desincorporar" bienes afectados al patrimonio nacional.

c) Cualquier "desincorporación" tendría que ser aprobada por la Secretaría de Asentamientos Humanos y Obras Públicas, responsable del patrimonio nacional, a través del cumplimiento de procesos legales perfectamente establecidos.

3. En el oficio 3053 de fecha 28 de diciembre de 1981, el Secretario de Gobernación, profesor Enrique Olivares Santana, autorizó al Hipódromo de Agua Caliente reducir en 233 308.93 m² (23 hectáreas) la unidad hípica. Funda esta segregación en un acuerdo que él mismo ordenó a su director general de gobierno para autorizarse a hacer lo que está prohibido.

En el oficio 3053 del Secretario de Gobernación Olivares Santana, se acuerda lo siguiente:

"PRIMERO. Autorizar la reducción de 203 500 m² del área de terreno que conforma la unidad hípica [...].
"SEGUNDO. El producto de la venta de la superficie antes citada se deberá reinvertir en la reubicación de las instalaciones afectadas, así como en la remodelación del hipódromo y galgódromo [...]" (y) "[...] liquidar el pasivo total a cargo de su representada y a favor de esta dependencia (S. G.) por concepto de participaciones vencidas..."

Como puede observarse, así, nada más [...], se agrega una línea que contradice todo el sentido, no sólo de la condición cuarta, sino del permiso mismo, se elimina la prohibición de afectar la unidad del hipódromo. En suma, a través de esta simple operación administrativa, se despoja al patrimonio nacional de una superficie de 23 hectáreas del centro de Tijuana, cuyo valor era ya desde entonces, de muchos millones de dólares.

Los argumentos consistentes en la situación precaria de la empresa, disminución en el monto de las apuestas, el incremento de los costos de operación resultan absurdos por muchos motivos.

El despojo de 233 308.93 m² de un total de 811 890.71 m², casi la tercera parte del predio, es monstruoso, equivale a una severa mutilación del terreno que redujo la capacidad misma para celebrar carreras de caballos y galgos y distorsiona la función del hipódromo que requiere de grandes espacios.

¿Cómo pudieron afirmar que por la falta de pago de algunas participaciones, por elevadas que fueran, requerirían de la entrega de la tercera parte de la superficie del hipódromo? El mismo secretario en su oficio asienta que "... el posible resultado del producto de la enajenación, sobrepase las necesidades para realizar los objetivos propuestos a efecto de equilibrar la situación económica de la empresa". El "posible resultado" sobrepasa sin tener que reflexionar mucho lo necesario para equilibrar la situación de la empresa.

Resulta incongruente, además, el que la superficie a segregar la define la empresa, además de haber fijado también la extensión.

Los argumentos de la falta de recursos, la reducción de las apuestas, etc., quedan relegados al tercer lugar en el cuerpo del acuerdo que establece que el producto de la venta de la superficie antes citada deberá reinvertirse en la reubicación de las instalaciones afectadas, así como en la remodelación del hipódromo y galgódromo. Argumento que aparece sin haberse mencionado deterioro alguno de las instalaciones [que justifique] la magnitud de los recursos que obtuvieron por la venta de la donación, superior a los objetivos de la cesión, solamente se entiende en éste segundo párrafo para tratar de disfrazar la enormidad del valor del despojo.

El argumento principal de la falta de recursos, reducción de las apuestas, etc., queda en tercer lugar en el cuerpo del acuerdo que establece que el producto de la venta de la superficie antes citada deberá reinvertirse en la reubicación de las instalaciones afectadas, así como en la remodelación de hipódromo y galgódromo. Reinversión que nunca apareció en ningún lado y solamente se entiende que este segundo párrafo lo añadieran al darse cuenta de la enormidad del valor del despojo.

Por otra parte, la resolución del tribunal que he mencionado, que desconoce derechos importantes del patrimonio nacional, no va al fondo del asunto, simplemente señala que la Secretaría de Asentamientos Humanos y Obras Públicas se fundamentó en una ley que aplicó retroactivamente. El hecho es que la Secretaría de Gobernación nunca tuvo facultades para despojar a la nación de un patrimonio propio y la operación es, sin duda, nula de pleno derecho.

Las veintitrés hectáreas que fueron autorizadas para su "venta", son lo que ahora se conoce como "Residencial Puerta de Hierro". Un regalo generoso y claramente ilegal.

Algunos comentarios finales complementan la historia del Hipódromo de Agua Caliente que llamo peculiar. Durante el periodo de seis años en que ocupé la Secretaría de Gobernación, no se agregó nada ni se alteraron las condiciones del permiso. En el periodo anterior se realizó la operación de la "desincorporación" que hemos descrito.

En el periodo posterior se dio la lluvia de concesiones para la empresa Hipódromo de Agua Caliente. ¿Cómo se explica la transformación de los "libros foráneos" limitados a las apuestas en el propio hipódromo, en centros de apuesta sin límite de eventos ni de países, convirtiendo un permiso para la operación de carreras de caballos y galgos en el estado de Baja California en una red de centros de juego en todo el país?

En el periodo del presidente Fox, el secretario de Gobernación, Creel, envió al Senado, de manera informal, un voluminoso proyecto de Ley de Juegos y Sorteos para derogar la ley vigente que contiene diecisiete artículos.

La motivación de este funcionario era su preocupación por regular la multiplicación de "libros foráneos" del Hipódromo Agua Caliente, o sea, regular el juego. La iniciativa de ley nunca se presentó oficialmente, pero eso sí, el secretario Creel, en lugar de regular, se despachó una retahíla de permisos de apuestas para Televisa, unos días antes de lanzar su precandidatura fallida para la presidencia de la república.

Lo que debe llamarnos la atención de manera alarmante es que esto haya podido ocurrir sin que pasara nada.

Los comentarios anteriores se dan en respuesta a pregunta expresa del señor Julio Scherer.

Hank González y Olivares Santana fueron amigos en la adolescencia, en la madurez y hasta la muerte. En sus memorias dictadas a Fernando Benítez, el profesor de Atlacomulco cuenta una pequeña historia de los cómplices:

Un día —más bien una noche— recibí un telefonema del general Corona del Rosal: solicitaba verme al día siguiente, a las diez de la mañana, en la capital de la república. Yo era delegado del PRI en Tabasco, fui a ver al gobernador y le dije:

—Me voy ahorita para México porque el general Corona del Rosal me cita para mañana, a las diez horas, en su oficina.

Eran las siete de la noche en Villahermosa.

—No va a llegar, don Carlos.

Manejé toda la noche pasando los ríos en panga. Había varios que cruzar. Llegué a México justo a tiempo. Faltando unos minutos antes de las diez de la mañana, llegué al PRI. Entré en guayabera —no me había dado tiempo de cambiarme para ver al presidente del partido, quien me dice:

—Don Carlos: el partido quiere que cambie usted de delegación, que se vaya a San Luis Potosí porque tenemos ahí algunos problemas.

—Pero ahí está el delegado Enrique Olivares Santana.

—Sí, pero queremos que vaya usted a San Luis. Voy a hablar con el profesor Olivares para ver si se queda o se va a otra parte.

—Oiga, eso no es necesario. ¿Por qué no me hace delegado del sector popular en San Luis y trabajo con Olivares Santana? Somos muy amigos, los dos somos profesores rurales, nos entendemos muy bien.

—Bueno, me parece ideal.

—¿Para qué el trabajo sin descanso? —le pregunté a Manuel Espinosa Iglesias en los días que pasaba por el hombre más rico de México, dueño del Banco de Comercio.

—No es por el dinero —me respondió.

La pregunta quedó en pie:

—Soy el mejor en los negocios y quiero seguir siéndolo.

¿Por qué tanto?, me habría gustado preguntarle a Carlos Hank González. Nunca le toqué el punto y me arrepiento. Ahora sólo puedo imaginar una respuesta: "Sería arquetipo, representaría un modelo, el de Hank González: la riqueza, el poder, el reconocimiento público. Más, siempre más".

En los últimos meses del gobierno de López Portillo, *Proceso* informó acerca de una casa espectacular construida en New Canaan, Connecticut. El dato sería irrelevante de no mediar estas circunstancias: la mansión era en sí misma escandalosa, había causado revuelo en la zona residencial y su propiedad era atribuida al regente de la ciudad de México, el profesor Carlos Hank González.

La revelación de la casa atribuida a Hank y la discreción con la que se la había mantenido lejos del conocimiento público, provocó malestar en el vasto círculo del profesor. Volvieron, renovadas, las críticas ácidas que había escuchado desde hacía mucho tiempo y a las que ya me había acostumbrado, si bien de mala gana. Consumido por el resentimiento que me había provocado la pérdida de *Excélsior*, entre la noticia y la amistad, optaba por la noticia. Frente al periodismo no conocía límite ni escrúpulo, decían. Ahora denunciaba al Profesor, sin que pesaran en mi ánimo los años de trato cercano. Nada como un amigo, eminente valor humano, argumentaban, entre otros, los adictos a *24 Horas*. Jacobo Zabludovsky sí sabía lo que era la amistad y demostraba sus valores en el trabajo cotidiano.

Lastimado por juicios ofensivos en mi contra —"vendería a su madre por la de ocho columnas"—, llevo en la memoria a un médico longevo, ebrio en una época, cirujano eminente y a partir de los treinta y cinco o cuarenta años, dueño de una vida estricta. Fuimos compadres, de los que se quieren.

Tuvo cuatro hijos, dos y dos, que amó como si su especialidad fuera la del corazón. A uno de ellos lo miraba como no miraba a los demás.

—Compadre —me llamó un día con la voz temblorosa—, me urge hablar contigo.

—Dime cuándo.

—Ahora mismo. En mi casa.

Conversamos, cuidadosamente cerrada la puerta de su sala.

Su hijo, ése, precisamente, había sido denunciado como autor de robos cuantiosos de dinero y medicinas en una zona del sureste azotada por un vendaval. La ayuda era insuficiente y el hambre crecía.

Vi la cólera del padre. También el dolor.

—Quiero entrevistarme con el procurador de la república, tú sabes, García Ramírez. Lo creo honrado y decidí ponerme en sus manos. Voy a confiarle unos documentos y pedirle que personalmente revise el expediente para que compruebe la infamia que han tramado en contra de mi hijo los verdaderos ladrones, canallas.

El procurador nos recibió a unas horas de mi solicitud de audiencia y tres días después le dijo: "Su hijo es culpable".

La noche de ese día amargo, cené con Vicente Leñero y Enrique Maza. Quería conocer su punto de vista acerca de la historia que acababa de vivir. Preguntarles acerca de los deberes del periodista cuando tiene en sus manos los desmanes de personas, las verdaderamente amadas.

Vicente estalló:

—Yo a mi hija —son cuatro sus hijas— no la pongo en manos de nadie, nunca. Como sea, la encubro, la cubro, la envuelvo.

Enrique sostuvo que en casos como el narrado, se impone un deber íntimo, deber de conciencia. Afirmó, sencillo como es, sentencioso como no puede dejar de serlo:

—Si no hay compasión para la persona amada como ninguna otra, la vida se extingue.

—¿Qué entiendes por extingue, Enrique? —le pregunté.

—La vida se derrumba, pierde su sentido, cae rota.

Conversé con García Márquez. Me dijo que la sangre es sagrada y quien la ensucia se vacía las venas. Pasa a ser otro, gastado, débil. Frente a los hijos, los padres, los hermanos, los amores bien, los nietos, las personas por las que somos personas sólo subsiste un deber: cuidarlas, y cuidarlas quiere decir ver por ellos en los momentos extremos, los que cuentan.

No tengo duda. Los escuché y actuaría como Vicente, Enrique, el Gabo, pero una cierta perplejidad me acompaña. Y los otros, qué, ¿qué se las arreglen como puedan?

Desde su alta estatura, el profesor Hank González pudo contemplar el inmenso poder que había acumulado. Nadie como él, Rey Midas y depredador. En sus manos podía hacer valer tres cartas, las mejores.

El presidente López Portillo le había aceptado un préstamo millonario para que pudiera terminar la construcción de su futura residencia, en la parte alta de Cuajimalpa. Se trataba de cuatro casas, la propia y la de sus tres hijos y nietos. La propiedad incluía una reserva territorial de 110 mil metros cuadrados y el dinero del regente de la ciudad al primer mandatario pasó de una mano a la otra al estilo de los hermanos, los socios o los cómplices.

En *Mis tiempos*, el propio López Portillo reseña la vergonzosa historia:

> El profesor Hank que, como Jefe del Departamento del Distrito Federal se había enterado del proyecto (las casas), generosamente nos ofreció el crédito. Nos prestó inicialmente doscientos millones de pesos y más tarde sumas complementarias. El profesor no aceptó que formalizáramos el préstamo ni la garantía. Se la debemos.

No es de extrañar que lo llamara "varón generoso y considerado". Hank González contaba con el presidente López Portillo, su gran carta. La segunda la representaba su amigo, Olivares Santana.

Y la tercera carta era Francisco Galindo Ochoa. De recuerdo siniestro en las relaciones públicas, sustituía a Luis Javier Solana en la encomienda imposible de velar por la buena imagen del presidente de la república. El curso de la política favorecía a Galindo Ochoa, de sólida amistad con el profesor Hank González. Gozaba de derecho de picaporte en la regencia, como Leopoldo Sánchez Celis, ex gobernador de Sinaloa, de antecedentes oscuros. Los tres solían conversar horas, detenida la audiencia del profesor.

Galindo Ochoa debía terminar con *Proceso*. "No pago para que me peguen", la frase inolvidable, no podía quedar en simple amenaza. Era la voz de la justicia, la voz del honor, como la entendía su autor, trastornado por la crítica a su persona y a su política.

Miguel Ángel Granados escribió en su columna, "Plaza Pública":

> Julio Scherer García resintió su rudeza [la de Galindo]. Llamado por López Portillo para sustituir con mano dura la tersura de Luis Javier Solana, Galindo Ochoa golpeó a *Proceso*. Su refinamiento lo llevó a emitir esta sentencia, reproducida por el director del semanario en su libro *Los presidentes:* "Cerrarán a güevo, a güevo". Scherer lo llamó "guardián de honras ajenas sin prestigio propio" y recuerda que desde siempre mantuvo relaciones cenagosas con la prensa.

López Portillo y Hank González —socios, amigos, cómplices— tuvieron otro punto de encuentro: Arturo Durazo Moreno. Amigo del presidente de la república y subordinado del regente de la ciudad como director general de Policía y Tránsito en el Distrito Federal, la relación entre los tres se dio de manera natural. A Durazo el poder le vino del cielo o en el infierno cobró forma y vida.

Durazo cayó en actos de locura. Los pasos sin rumbo lo condujeron a caminos sin salida. Su ego desquiciado lo llevó a construir dos casas: una de dos mil millones de pesos en el Ajusco; y el Partenón, en terrenos ejidales de Zihuatanejo.

Ignacio Ramírez, reportero de *Proceso*, se ocupó del Partenón, una historia sin pies ni cabeza, pues sólo así se puede describir la excentricidad del policía que se creyó inspirado por los dioses y cayó en desvaríos psiquiátricos.

De los tres (López Portillo, Hank González y Durazo Moreno), el policía hampón fue el primero en morir.

Fraterno de López Portillo, ambos atletas en su juventud, gozosos de sus cuerpos, eran excelentes para el pleito rudo. De niños pelearon alguna vez, pero junto a Durazo, López Portillo se veía torpe, sin la gracia ominosa del bailarín sobre el ring y la espectacularidad de su golpe letal.

Enfermo de poder, Durazo permaneció indiferente o fue activo en toda suerte de actos de violencia. En su tiempo crecieron el tráfico de drogas y el robo impune; también la estafa, las vendetas, la muerte.

El 6 de agosto de 2000 murió Durazo, con el alma opaca y agotada la energía de su cuerpo, tanto tiempo imbatible. El ex presidente López Portillo le rindió tributo. Habló públicamente y cubrió de elogios a un hombre que había merecido el desprecio y el sarcasmo social. Dijo el jefe de la nación que Durazo fue un hombre bravo, valiente, vertical. Alabó su "hombría de bien". El hombre de bien había salido de la cárcel a su pesar. La sociedad lo juzgaba, él, verdugo de tantos. Durazo llegó a mirar la prisión como un refugio. Frente a sus propios orígenes, nada tenía que hacer en la calle.

Hank González se expresó en el mismo tono y fue aún más lejos. Dejó en su biografía de hombre atildado y caballeroso, estas líneas:

"Prestó grandes servicios a la ciudad. Aparte de darle seguridad, que se la dio, fue un hombre extraordinario a quien tanto sacrificaron."

En noviembre de 1981, Sonora figuraba en el itinerario de Miguel de la Madrid, en campaña por la presidencia de la república. Fiel a la costumbre priísta, había invitado a sonorenses distinguidos para que lo acompañaran en la lucha política. En la lista aparecía Arturo Durazo Moreno.

El destino había colmado a Durazo. Rico, innovador, poderoso, hablaba como hombre del destino, de aquellos, unos cuantos, a los que el azar premia. Contó del Partenón, su mansión inaudita en Zihuatanejo, y se permitió burlas sobre la ingenuidad popular:

—Dicen que me gasté cuatro millones de dólares. Llevo treinta.

Conversó también acerca de sus automóviles, pasión menor, y recordó cariñosamente a Carlos Hank González, coleccionista de los buenos carros, como él.

Fernando Elías Calles, sonorense distinguido y en ese tiempo director general del Colegio Nacional de Educación Profesional Técnica, figuraba en el grupo selecto. En el decimosexto piso, en el World Trade Center, me contó en estos meses recientes de 2007:

—No había manera de contener la locuacidad de Durazo. Se remontaba a los días inolvidables del presidente López Portillo, tiempo en los que Hank y el propio Durazo trabajarían uno junto con el otro, uno en la regencia y el otro guardián del orden público en la ciudad de México.

Hank invitó a Durazo a su rancho de Santiago Tianguistenco. Se verían a toda hora y tendrían mucho de qué platicar. Inevitablemente serían amigos.

En el recorrido por la propiedad inmensa, el Profesor le dijo al policía que deseaba mostrarle su colección de automóviles: Bentley, Rolls Royce, Mercedes Benz, BMW. Había todas las marcas y los estilos y Hank deseaba obsequiarle uno a su compañero en la política y, ya, en la vida.

—¿Cuál te gusta?

—De gustarme, me gustan todos.

—Elige tú.

—No, tú.

Hank eligió un Rolls Royce.

Elías Calles, ya para despedirnos, me dijo que recordaba una de las frases célebres de Hank. Así, desganado, anticipé: "Un político pobre es un pobre político".

Me equivoqué. La frase me pareció novedosa, digna de un gran ladrón: "Mientras más obras, más sobra".

Escuché la pesadilla de labios de una señora: en el desayuno de todos los días, puntual a las seis de la mañana, bebía café con una gota espesa de arsénico. Su marido la dejaba caer sigilosamente en la taza de porcelana, de espaldas a su esposa.

La señora sabía del paulatino estrago del veneno, pero el hábito la dominaba y no se animaba a enfrentar a su marido o vaciar el café en la cocina. Además, un morbo extraño crecía en su interior, la enfermedad sutil y la atroz dependencia.

En algún sitio de mi memoria se había ocultado la pequeña historia. Al escucharla me había producido cierta fascinación. Me parecía incompleta, sin embargo. Me habría gustado que la víctima también se resolviera y dejara caer el arsénico en el café de su esposo. Pero las pesadillas tienen su propio estilo y juegan con reglas que nos son desconocidas.

El mal sueño me vino a la cabeza, completo, en una conversación sorpresiva con el economista Gustavo Gordillo, activista del Consejo Nacional de Huelga de 1968.

La matanza de Tlatelolco y la persecución del presidente Díaz Ordaz contra estudiantes y maestros le habían obligado a buscar refugio en la embajada de Francia; y de ahí se fue a París como exiliado político. Gordillo regresó a México en el año de 1972 y se consagró al campo, su única pasión en el trabajo. Fundó la Unión Nacional de Organizaciones Regionales Campesinas, enemigo de las invasiones de tierras, alma de su energía.

Al asumir la presidencia de la república, Carlos Salinas de Gortari le ofreció la subsecretaría de Agricultura. Aceptó sin vacilación. El titular sería Jorge de la Vega Domínguez, quien dejaría la jefatura del PRI y un año disfrutaría del premio burocrático y sus parabienes: secretario de estado. Así se usaba. Así sería. De la Vega fue explícito con Gordillo: se manejaría como le viniera en gana, como si fuera el propio secretario. Tendría una sola limitación: Tamaulipas. No debería tocar el estado ni atreverse a mover una sola de sus piezas en el paisaje político. Gordillo sabía de qué se trataba: en el estado, algunos personajes eran dueños de ranchos inmensos y ganado del más alto registro. Habría que proteger su tranquilidad, que sólo el viento suave que anuncia lluvia pudiera alterar su bienestar bucólico. Era el caso del propio De la Vega Domínguez, de Andrés Caso, entonces secretario de Comunicaciones y Transportes, de Emilio Martínez Manatou, aspirante a la presidencia en tiempos diazordacistas, de Manuel Cavazos Lerma, norteño de polendas.

De acuerdo con el calendario, al año ascendería a la titularidad de Agricultura el profesor rural del estado de México, qué mejor.

Durante tres años, día tras día, Gordillo conocería a fondo el arte delicado de la seducción, del que Hank era maestro inimitable y hombre persistente en los detalles, como ninguno. Para él, para Gordillo, estarían permanentemente abiertas las puertas del gran personaje y si había problemas con algún familiar o persona de su afecto, ya habría manera de ayudarlo. Además, el colaborador eficaz, estricto, merecía atenciones en lo personal. Alguna consideración de tipo económico, algún viaje interesante. Y por qué no, una pequeña casa en el bosque, de ésas que se van pagando solas. Lo que necesitara, lo que hiciera falta, la gota de cianuro de todos los días.

Sin prisa, tan afable como sencillo, me contó Gustavo Gordillo acerca del día en que el temor sobrepasó la estabilidad de su ánimo. Hank González sabía del padre de Gordillo, hombre ilustre en la medicina, especializado en los problemas renales. La fama del doctor trascendía el ámbito nacional y el secretario de Agricultura insinuó a su colaborador que, quizá, pudiera hacerse lo necesario para que profesionista de tanto valor pudiera ocupar la dirección del Hospital Infantil de la ciudad de México, donde prestaba sus servicios.

Gustavo Gordillo se reunió con su padre sin pérdida de tiempo y lo previno: de llegársele a ofrecer la dirección del hospital, le pedía que la rechazara. Hank se encargaría de hacer saber, sutil, elegante, que tras el nombramiento se habían podido mover nobles influencias.

En un tiempo que se iba como si no existiera, supe también de los viajes del profesor Hank González a Centroamérica. Se trasladaba en su avión a los cinco pequeños países del minicontinente y viajaba de regreso a Santiago Tianguistenco con los cinco ministros de Agricultura. En Santiago montaban los pura sangre de Hank y seguramente hablaban de negocios. No extrañó a Gustavo Gordillo que la influencia de Hank se extendiera a Centroamérica y menudearan operaciones con el maíz. Tampoco que en las operaciones participara preferentemente el dueño de Maseca, Roberto González Barrera, consuegro del hombre que hizo de la seducción un arte de dominio sobre todo aquel que pudiera serle útil.

Jefes de prensa

Francisco Galindo Ochoa

Francisco Galindo Ochoa, diputado de la XLIII Legislatura y miembro de la Comisión Permanente, hacía llegar a los reporteros de la fuente política el sobre mensual con el desenfado de un asunto menor. El embute representaba un simple trámite disociado de la fama pública. Más aún, facilitaba que los periodistas, la mayoría con sueldos cortos, pudieran moverse con soltura en los escenarios de lujo de la política.

Galindo Ochoa festejaba con carcajadas de altos decibeles cada ocurrencia que escuchaba, fumaba puros enormes y se vestía con ropa que se compraba en dólares. Varias veces al día se hacía bolear los zapatos. Yo observaba en él una personalidad construida pieza por pieza. El dinero sin medida, las relaciones al más alto nivel, su influencia en los medios, el barullo y los festejos frente a la amenaza del sopor. Todo correspondía a las hechuras de un triunfador que sabía para qué vivir.

Manipulador como las personas sin una identidad arraigada, vanidoso como los sujetos que no se renuevan y se van vaciando de sí mismos, Galindo Ochoa se decía amigo y compañero de los periodistas. Transmitía tips, encuentros discretos con personas que manejaban los hilos del poder, una exclusiva que llegara al mundo —esa eternidad de veinticuatro horas que anhelamos los periodistas—, algún viaje deslumbrante con todo.

Yo rechazaba el embute y él insistía en que lo aceptara y me condujera con naturalidad. Me dedicaba tiempo y subrayaba que ambos pertenecíamos a la casa *Excélsior* y entre nosotros no debían existir diferencias mayores. Era del dominio público que abastecía de información a Carlos Denegri, reportero que algún día entrevistaría a Dios. Denegri, con datos de primera mano, acrecentaba su poder, como Galindo Ochoa acrecentaba el suyo.

Denegri, dotado como ninguno para nuestro oficio, protegido de sus borracheras sin control por el gobierno que lo usaba a su antojo, se comportaba como le venía en gana. En la redacción sabíamos por cierto que más de una vez se había presentado ante un funcionario para mostrarle dos textos sobre un asunto delicado. El reportaje de la izquierda costaría tanto si se publicaba y el de la derecha tanto si no aparecía en letras de molde. El funcionario elegía.

Galindo Ochoa me miraba con sus ojos astutos, el movimiento eléctrico de las ardillas y me decía:

—Yo sé a qué reporteros cuidar.

Un día le pedí dinero. Un problema me agobiaba, le dije.

—Ahora mismo.

—Te lo devuelvo en un mes.

—Tú fijas el plazo, el que quieras. El tiempo es lo de menos. Gracias por la confianza.

Guardé el dinero y al mes le devolví la suma exacta.

—Fue un préstamo, Pancho.

—Entre tú y yo no cabe ese trato. No acepto el dinero.

—Lo dejo con tu secretaria.

Discutimos. Las voces se fueron haciendo altas y llegaron lejos. No faltó quienes escribieran sobre el asunto.

Amado Treviño

Amado Treviño fue jefe de la oficina de relaciones públicas de Octavio Sentíes, regente de la ciudad durante el mandato de Miguel de la Madrid. Ronda los noventa años y ha regresado a su oficio por motivos que sólo a él competen. Conversa como un conocedor del alma de los reporteros y de los hombres del poder. Una sonrisa tenue que no lo abandona forma parte de su rostro, como las comisuras bien marcadas de sus labios. Quedo con la impresión de que desearía más de la vida, delgado como es, nervioso, activo.

Rafael Rodríguez Castañeda y yo nos reunimos con Amado Treviño en La Pequeña Italia, un restaurante que da idea de haberse encerrado en sí mismo, sin anuncio a la calle.

La discreción de los meseros y las conversaciones en voz baja de los comensales propician las confidencias a medias. Al primer aperitivo, Amado Treviño nos contó de un político súper millonario que le regaló un rancho a un periodista millonario pero no tanto. El político súper millonario no necesitaba de semejante alarde para ganarse al periodista millonario, porque éste ya se había vendido completo desde hacía largo tiempo y a toda hora. La sospecha me cayó por gravedad, clara la imagen de la pareja, buenos amigos, famosos, reverentes del poder. Para el uno y para el otro, bajo cualquier hipótesis, el presidente de la república siempre tenía la razón.

Treviño habló mucho y contó poco. Así ocurre cuando la conciencia se mantiene en tensión. No está en los hombres del aparato la claridad a la hora de la confidencia, viaje al interior siempre peligroso. Los secretos, en todo caso, los cuentan en sigilosa complicidad.

El jefe de prensa del regente Sentíes habló de aquellos tiempos. En su oficina había café, refrescos, sándwiches, galletas, una que otra botella de licor, mesas para jugar dominó, póker, teléfonos y un directorio con nombres clave. Los sobres, quincenales o mensuales, circulaban con la puntualidad de una ceremonia. En el caso de que algún reportero hubiera tenido un traspié, no había por qué escatimarle alguna ayuda.

Nos habló del credo de su vida profesional: los hombres de las relaciones públicas están para acercar a los reporteros con los políticos y a los políticos con los reporteros. Importa que se entiendan los unos con los otros para el bien del país. Sus tareas son complementarias y la rijosidad de la prensa está de más. A nadie favorece un titular a ocho columnas que desinforme, o notas tendenciosas que están en el borde de la difamación y aun de la calumnia. Los poderes constitucionales, agregada a ellos la prensa, el cuarto poder, son fundamentales en la construcción de una nación que quiere vivir en paz y abatir sus problemas ancestrales de pobreza e inequidad.

No sé si lo pensé entonces o lo pienso ahora, escribiendo. Revivo la impresión que me causaron dos películas: *Nosotros los pobres* y *Ustedes los ricos*. De principio a fin me atrajeron las cintas, nadie como Estela Pavón, "La Chorreada", y Pedro Infante, el carpintero, personaje a quien desearíamos vivo, como Cantinflas, como Silverio, como Agustín Lara.

Carlos Monsiváis ha escrito acerca de Pedro Infante y Blanca Estela como dos monumentos cinematográficos. Algunas veces conversamos acerca del cine mexicano y sus momentos culminantes, como ésos. Sin embargo, las películas ocultan su pequeña, inadvertida perversión, me previene Carlos. Como si se tratara del epígrafe de un libro, advierten al público en un mensaje inicial: si los pobres y los ricos se conocieran, terminarían queriéndose. Queda implícita la aceptación del *statu quo*, que todo siga como está, que así ha sido siempre y así seguirá siendo, sólo que la vida es cuestión de quererse, que las querellas se olvidan mientras la pareja inolvidable cante y siga cantando *Amorcito corazón*.

Me parece que los pobres y los ricos acabarían queriéndose si los pobres no fueran tan pobres y los ricos tan ricos. La pobreza establece un nivel en una sociedad homogénea. Unos tendrán más, otros tendrán menos, pero privaría un principio de humanidad. No ocurre así con la inequidad, inmoral e ilegítima en grado extremo. Los ricos crean fundaciones en homenaje a sí mismos y los pobres padecen hambre y muerte prematura, olvidados de sí mismos.

Amado Treviño contaba, en fin, que los reporteros deben sentirse protegidos de las contingencias en los días que despiertan con el mal agüero de las nubes cargadas. ¿Por qué no regalarles placas de taxis, para que hicieran con ellas lo que les diera la gana? ¿Por qué alguna vez, no darles una casa modesta? ¿Por qué no propiciar viajes al extranjero para combatir las neurosis propias de un oficio gobernado por la tensión y el ansia febril de una exclusiva notable que aparecerá, que tendrá que aparecer algún día?

Antes de abandonar La Pequeña Italia, Treviño nos dijo también que había entre las participantes de los concursos de belleza algunas señoritas que trabajaban como edecanes en las oficinas de relaciones públicas.

—Embutes algunas veces envueltos en seda —comentó Rafael.

—Hermano —le respondió Treviño.

En *Excélsior*

RODRIGO DE LLANO

Don Rodrigo de Llano sentenciaba: "Que no firme el periodista lo que no pueda firmar el caballero". La máxima enorgullecía al director y la vivía a su manera.

Alberto Ramírez de Aguilar, Manuel Becerra Acosta y yo escribíamos una columna trabajada con material riguroso. La llamábamos "Desayuno", era agresiva para la época, aparecía los domingos en primera plana y llevaba el nombre de los tres: Julio Manuel Ramírez.

El sábado entregábamos la columna al director. Era una costumbre que se cumplía cerca de las dos de la tarde. A las dos, don Rodrigo descendía al Ambassadeurs, el restaurante de lujo de Reforma 14 y se instalaba en la barra que alegraba su vida de soltero. Lo acompañaban reporteros de larga experiencia, personajes que nacen de vez en cuando, como José Alvarado, políticos y amigos sólo sonrientes como Raúl Estrada, portero del Necaxa. Algunos se lucían con copas de coñac, pues al Skipper le gustaba el huisqui.

Ya entrada la noche, nerviosos, Alberto, Manuel y yo esperábamos la decisión del director. Hombre de hábitos, se ajustaba los lentes de aros delgados, miraba con sus ojos verde acuarela levemente saltados de sus órbitas y emitía su veredicto. Recuerdo sus palabras grises, deshabitadas.

—No se publica.

Caímos en un largo silencio, tiesos ante el Skipper, sin mirarnos. Sabíamos de nuestro empeño y su resultado: un texto sólido.

—¿Por qué, don Rodrigo? —preguntó uno de los tres.

—El jueves, hace apenas dos días, cené en la casa del licenciado Casas Alemán. Fue amable, considerado, elogioso para el periódico.

Don Rodrigo había ido más allá de su costumbre y en su oficina nos había dado una explicación. Volvió sin más sobre los papeles de su escritorio y al último tiempo de la noche.

Dos veces al día, hacia las tres de la tarde y ya en la noche, don Rodrigo de Llano, el Skipper, bebía hasta el límite de la embriaguez. Su piel era blanca, casi rosada y los huisquis la encendían hasta el rojo. Nunca le vi la corbata de lado ni recuerdo una mancha en el traje impecable. Me llamaban la atención las mancuernillas de sus camisas, discretas pero no tanto como para que no se notara el oro o algún brillante sobre la plata bien pulida. La sonoridad de sus carcajadas atraía signos visibles de adulación. Si don Rodrigo reía en grande, todos reían en grande. Y cuando se trataba de ponderar algún suceso y don Rodrigo pensaba, todos pensaban. Los labios del Skipper eran delgados y sus ojos verdosos, sin ternura, imponían una distancia. Se acompañaba de doña Amalia Castillo Ledón. A veces acudía la se-

88

ñora por don Rodrigo al Ambassadeurs, el restaurante bar de la casa *Excélsior* o pasaba a su oficina, en el tercer piso. Nos sonreía y si había oportunidad, nos extendía la mano y platicaba sin prisas. Era casi tan alta como el Skipper. Nos gustaba. La queríamos.

Don Rodrigo subía y bajaba de su tercer piso de Reforma 18 a la hermosa avenida, entonces arbolada, cercana al Caballito de Carlos IV. El tercer piso era su fortaleza, inapelables las órdenes del periodista experimentado que sabía dónde estaba la noticia que debía destacar y aquella que convenía publicar con discreción o guardarla en el escritorio hasta su decrepitud y muerte. En el Amba, de pie ante la barra, todo era admiración para don Rodrigo sin que pudiera saberse dónde terminaban los elogios honrados y dónde se abrían paso las gesticulaciones de servilismo. De vez en cuando, un par de reporteros jóvenes eran admitidos en el grupo, no así los extraños, mantenidos a distancia.

Pero aun si hubiera habido muchos en la corte, no había quien pudiera compararse con Carlos Denegri. Era el espectáculo, hiciera lo que hiciera. Genial en la primera plana de *Excélsior*, toda para él, era cruel e insensible en su vida personal. A las señoras, las suyas, las trataba de putas y a algunas prostitutas llegaría a ofrecerles el lecho conyugal. No podría hablarse de la vida privada de Carlos Denegri, borracho cuando de beber se trataba y trabajador cuando de trabajar se trataba. Muchos querían ser como él, reportero sin paralelo, aun si fuera necesario soportar uno que otro de sus desmanes. Sin alcohol era muy simpático, todo él historia. Mirarlo con su sombrero de lado, sólo eso, podía ser la noticia del día.

Sabíamos de los encuentros entre el director y el reportero por el despliegue informativo que el diario ofrecía a sus lectores: el viaje histórico del presidente López Mateos por Oriente y la entrevista del gran periodista con Nehru; el saludo de mano con John F. Kennedy y una larga entrevista el día de su toma de posesión y declaraciones posteriores; la bendición de grandes personajes que habían asistido a esta cumbre de la política realizada en Washington; o la bendición del Papa desde San Pedro y el acercamiento del reportero a la remota privacidad del jefe de la Iglesia Católica. Todas grandes exclusivas que suelen gestionarse en la cúspide.

El gobierno se ponía al servicio del diario para que fluyera en sus páginas la información privilegiada, pero se cobraba a sus anchas. Encuentro de compromisos, negocio para el uno y para el otro. El contubernio entre la política y el periodismo llegaba a extremos, desafío a la profesión y a la ética. Carlos Denegri gozaba de la misma impunidad que el presidente de la república. En su vida no existían límites. Los escándalos públicos eran privados y los privados asunto de la intimidad. El crimen lo rondaba y su tercera esposa pereció en circunstancias difíciles de aclarar. Se sucedían los agravios a la sociedad y también el renovado prodigio de las ocho columnas. El Skipper era el Skipper, Carlos Denegri era Carlos Denegri y *Excélsior* era *Excélsior*.

Eran tiempos estelares, los de Miguel Alemán y el brillante de Abel Quezada en la nariz de Gastón Billetes, el representante de una nueva clase; eran los tiempos del diez por ciento de comisión para los funcionarios que hacían obra, prueba de que trabajaban; eran los tiempos de los

safaris de Jorge Pasquel y sus hermanos al África misterio-
sa; eran los tiempos del reparto inicial de Acapulco, al que
seguiría el paulatino reparto del país; eran los tiempos de la
represión sin contemplaciones a la prensa, despedazada la
imprenta que hacía posible *Presente*, el semanario de Jorge
Piñó Sandoval que se mofaba de Alemán y el alemanismo;
eran los tiempos de los campesinos sostenidos de pie con el
apoyo de maderos delgados según Abel Quezada, precur-
sor del genio de Rogelio Naranjo y sus calaveras mortales,
las que no pueden morir porque se quedarían sin huesos;
eran los tiempos de la devaluación del peso frente al dólar y
la súbita aparición de fortunas escondidas; eran los tiempos
de la apertura a los Estados Unidos, principio de claudica-
ciones sin fin. Pero también eran los tiempos de virtudes
domésticas, discretas y sencillas, como el amor de Miguel
Alemán por su esposa, Beatriz Velasco. En su autobiogra-
fía, contaría el ex presidente:

> Por lo que al viaje de bodas se refiere, pudimos disfrutarlo
> de principio a fin sin premuras ni contratiempos, ya que la
> estancia en San Antonio resultó espléndida y gozamos de
> bellísimos parajes a lo largo del trayecto, prometiéndonos
> repetirlo en automóvil más adelante.
>
> Al igual que en este grato recorrido, la presencia de Bea-
> triz gravitó sobre mi vida como la más profunda motivación,
> apoyo incondicional, afecto superior a todas las vicisitudes,
> compañera que me dio ánimo y fortaleza. Junto a ella viví los
> mejores momentos y alcancé mi plenitud.

LA EXTRA

Excélsior era nuestra casa, la presumíamos, la llamábamos catedral del periodismo, pero vivíamos bajo reglas que aceptábamos como el enfermo que ahuyenta al médico, convencido de su salud. Nos decíamos libres y soñábamos, adormilados.

Los reporteros no teníamos derecho a réplica con los funcionarios que ponían en tela de juicio nuestra información o abiertamente la desmentían. Representaban el poder y el poder representaba la firmeza de la nación. Había figuras e instituciones que aseguraban el futuro: el presidente de la república, el secretario de la Defensa Nacional y la Iglesia Católica con las buenas conciencias a cuestas.

Algunas ocho columnas, nuestra bandera que ondeaba cada amanecer, tenían precio. Era dinero secreto, sin factura, misterioso su destino. Las gacetillas, publicidad embozada como información, costaban caro. Su presentación exigía sutileza, estilo, el gato ofrecido con la salsa apetitosa del conejo. Los reporteros teníamos libertad para contratar gacetillas y desplegados del tamaño que fuera, asegurado el 11 por ciento de comisión. Sólo nos obligábamos a respetar las fuentes de trabajo asignadas a cada reportero.

El dinero constante de las oficinas de relaciones públicas del gobierno y de la iniciativa privada, el chayote que espina pero alimenta, había que considerarlo con la naturalidad del agua que humedece la ropa en la temporada de lluvias. Si había protestas, que fueran personales. A nadie se obligaba a guardar en el bolsillo el sobre con su contenido viscoso. El general Álvaro Obregón había dado en el blanco: "Ningún general resiste un cañonazo de cincuenta mil pesos". Siqueiros también vendría a cuento: "Con fuerza de voluntad, hasta las convicciones se vencen".

El 1º de septiembre de 1939, con el primer disparo de la Segunda Guerra Mundial, nació la segunda edición de *Últimas Noticias*, *La Extra*, voceada por la ciudad con vibraciones de canto fuerte. Don Rodrigo de Llano, el director general, el Skipper, había visto a tiempo la masacre universal que se avecinaba. En Reforma 18 no habría horas vacías al dar cuenta de la lucha a muerte en los frentes de batalla. Informaría *Excélsior* durante la mañana, la primera edición de *Últimas Noticias* al mediodía y *La Extra* al caer la tarde. No había empresa que se hubiera atrevido a tanto.

Al ocupar años después un lugar en *La Extra*, acepté el ritmo y celebré nuestros aniversarios. Con semanas de anticipación los reporteros nos lanzaríamos en pos de la publicidad que daría forma y sustancia a la fiesta. Llevábamos al director planas y planas, gacetillas y gacetillas del gobierno federal, los gobiernos estatales, las cámaras de industria y comercio, las líneas aéreas, la industria cinematográfica, los clubs deportivos, los bancos, los partidos, los municipios ricos o no tan pobres. Todos sumábamos dinero al dinero y nos congratulábamos por nuestro aniversario. No se cobraba el once por ciento de comisión habitual. La recompensa en día tan especial ascendía al veinte por ciento.

Las diferentes secciones de la edición extraordinaria sumaban centenares de planas, como las dominicales de *The New York Times*.

La jornada del 1º de septiembre, nuestra fiesta, incluía el informe del presidente de la república al Congreso de la Unión. Concluía el acto republicano con los diputados, senadores, el gabinete en pleno, el cuerpo diplomático, también en pleno, los artistas, los escritores, todos juntos, entusiasmados con el emotivo y esclarecedor mensaje del ejecutivo federal. Los reporteros habíamos contado: hasta cincuenta veces habían interrumpido las ovaciones al jefe de la nación. Al final de la ceremonia, un coro gigantesco había cantado el Himno Nacional.

El 10 de octubre de 1952, Enrique Borrego Escalante contrajo matrimonio con Yolanda de Anda Macías. Enrique Borrego era director de la segunda edición de *Últimas Noticias*, el vespertino que había continuado su vida más allá de la catástrofe inenarrable. Periodista de inteligencia enmarañada, carácter autoritario y temperamento irascible, se imponía con un lenguaje seco e inflamable. Yolanda de Anda era hermosa de los pies hasta arriba. En Ciudad Juárez cantaba y bailaba flamenco.

A los reporteros de *La Extra* la noticia del matrimonio nos llenó de una equívoca satisfacción. Testigo estelar de la ceremonia sería el presidente electo de la república, Adolfo Ruiz Cortines. Comprobábamos en los hechos la buena relación y la fuerza política de Borrego. Pero no bastaba. Nos gustaba el periodismo, la noticia.

Consta en el acta matrimonial, fechada en México, la "Ciudad de la Esperanza", a las diecinueve horas del 10 de octubre de 1952:

> Testigo del Contrayente.
> Nombre: Adolfo Ruiz Cortines.

Edad: sesenta y tres años.
Estado civil: casado.
Ocupación: presidente electo de México.
Domicilio: José Ibarrarán 186.
Parentesco: Ninguno.

La ceremonia fue privada y no hubo fiesta. Pero la noticia llegó hasta nosotros: Ruiz Cortines había regalado a la pareja la concesión de la agencia de la Lotería en Ciudad Juárez.

El obsequio se cotizaba en los pesos duros de la época. En el año 1950 la Lotería Nacional había facturado en la plaza 3 300 000 pesos, 10 por ciento para el concesionario. El nombre de Enrique Borrego se unió al de los agentes Antonio J. Bermúdez, que sería director de Petróleos Mexicanos y al de Carlos Villarreal, futuro alcalde de la población fronteriza y autor de la "ley fuga": los premios sin reclamo que terminaban donde nadie pudiera encontrarlos.

Mal terminaron los contrayentes. Primero fue el alcohol, luego todo lo demás. Enrique Borrego se suicidó en Cuernavaca y Yolanda de Anda terminó penosamente con su belleza y su gracia.

EL HIERRO Y EL ACERO

La cena la ofrecían el presidente y el gerente de la Cámara Nacional de la Industria del Hierro y del Acero a los reporteros de la fuente. La mesa, ovalada para evitar las cabeceras que normalmente incomodan, estaba cubierta por un mantel blanco de textura sedosa, la vajilla de porcelana y los

cubiertos pesaban, seguramente de plata. Las copas brillaban con todas las luces del amarillo y el rojo.

Frente a la locuacidad propia de los reporteros, los anfitriones se mantenían discretos, casi en silencio. Cuidaban
el orden y el ritmo del ágape. El licor circulaba libremente,
los meseros aparecían y reaparecían rítmicamente.

Ya en el café, el gerente de la Cámara, Leopoldo Baeza y
Aceves, abogado notable, solicitó atención con los toques
habituales de la cucharilla en la copa cristalina. Habló de la
amistad, una regla para vivir, habló de la dignidad del periodismo, el poder que equilibra intereses, y agradeció el
acierto con que habíamos cubierto la reciente entrevista del
presidente de la Cámara Nacional de la Industria del Hierro
y del Acero. A una señal educada, salió de la nada un sujeto
impersonal que cargaba un rimero de sobres.

El licenciado Baeza y Aceves inició un recorrido con
la charola de plata en la mano y mesa por mesa fue entregando los sobres a los invitados, uno por uno, escritos sus
nombres y apellidos con letra esmerada. "Muchas gracias,
muchas gracias a usted, licenciado." Continuó la ronda y
llegó mi turno. Todavía no sé por qué rechacé el sobre sin
aspavientos. Me recuerdo lacónico: "No, señor licenciado,
muchas gracias". "Se trata de un regalo", respondió la voz
incrédula del licenciado. "Gracias, señor licenciado Baeza y
Aceves." "Julio, es un obsequio modesto, sólo eso." "Gracias, señor licenciado."

Yo había estudiado ocho años en el Alexander von
Humboldt, el colegio alemán de la época hitleriana; había
sabido también de la férrea suavidad de los jesuitas. Después
había seguido cursos en la Facultad de Jurisprudencia de la

UNAM y poco más de un año en el Centro Cultural Universitario, antecedente de la Universidad Iberoamericana. En
Mascarones algo aprendí de los maestros del exilio español y los filósofos mexicanos de una época sobresaliente.

"Lo que debe hacerse y lo que no debe hacerse" me representaban abstracciones y no un ejercicio de la voluntad
y la conciencia. Del periodismo simplemente me hacía a sus
hábitos y los seguía. Cuidaba mi trabajo, el dato preciso, la
objetividad, ese misterio. Empezaba y no había más en mi
interior de reportero.

La política era como era y el embute pugnaba por su
aceptación también en los círculos de la iniciativa privada.
No representaba una práctica condenada por la sociedad,
tampoco un atentado contra la libertad de expresión. A lo
sumo podría tratarse de un suave vaho que empaña un espejo sin dejar en su lisura mácula alguna.

Después de tantos años no logro entender qué pasó
conmigo esa noche. Puedo discurrir palabras: vanidad, soberbia, o la adolescencia diferida de un hombre joven que
quiere hacerse notar.

A solas, me preguntaría el licenciado Baeza y Aceves:

—Lo ofendí. Dígame la verdad.

—De ninguna manera, señor licenciado.

—Si no lo ofendí, por qué me ofende usted.

Como si se tratara de otra inteligencia, la respuesta se
desprendió por sí misma:

—En una próxima entrevista, señor licenciado, conocería de antemano sus consecuencias. Una cena como ésta y
sobres como los de esta noche.

Comprendí que no lo sabía.

Magdalena Mondragón

Conocí a Magdalena Mondragón en Ixcateopan, un polvoso pueblo del estado de Guerrero. Guiados por la historiadora Eulalia Guzmán, una anciana de penetrantes ojos oscuros, dueña de un magnetismo y una fortaleza física impresionantes, los reporteros seguíamos los incidentes de un suceso notable: la búsqueda afanosa de los restos de Cuauhtémoc. Fueran o no del emperador indígena los restos hallados a metros de profundidad, al momento de la exhumación el aire se enrareció como una enorme nube descompuesta.

Magdalena Mondragón, periodista de muchos años en *La Prensa*, autora de *Los presidentes me dan risa*, una historia mordaz a propósito del presidencialismo, algo al fin en el páramo de la crítica escrita, era dueña de su descaro. A sesenta kilómetros de Ixcateopan quedaba Iguala y allá íbamos cada atardecer. Desayunábamos en el mercado, invariable el mezcal que recalentaba la mañana y Magdalena se gozaba en sus desplantes, los pechos grandes y belicosos casi a la intemperie y los andares ufanos.

—Cúbrete poquito, le decía yo.

—¿Qué, estoy mal?

—Se les va a pasar el lenguaje, Magdalena, y a lo mejor la mano.

—¿Qué, no eres hombre?

—Mira cómo te miran.

—Que me miren, que también para eso están.

Cubría las fuentes laborales y asistía a las reuniones de los reporteros de la fuente con el secretario del Trabajo, Manuel Ramírez Vázquez. En su primera entrevista, la inaugural del sexenio, solemne por su propia naturaleza, el funcionario detalló sus responsabilidades y el estricto apego a la ley a que sometería su conducta. No omitió el dato central, el gobierno sería tutelar de los derechos de los obreros y la defensa inquebrantable del artículo 123. Haría su parte para que el derecho gobernara a la nación, privaría la buena relación entre los factores de la producción.

Se extendía y extendía Ramírez Vázquez y Magdalena más y más perdía la paciencia. Bajita como era, con el cuello estirado, volteaba a derecha e izquierda en busca de auxilio. No paraba el funcionario ni cedía el tedio de la periodista. De pronto, exasperada, se hizo espectáculo: casi cerrados en círculo los dedos índice y pulgar de su mano derecha en alto, visible el ademán como una pancarta, detuvo los ojos brillantes en el azoro del funcionario:

—Está bien, señor secretario, pero de esto ¿qué?

Insistió directa, sin humor.

—De esto ¿qué?

Llegó el alivio:

—Termino y hablamos.

Elena Guerra

Don Rodrigo de Llano murió el 31 de enero de 1963 y trece días después ascendió don Manuel Becerra Acosta a la dirección de *Excélsior*. El paso fue natural. Hombre de carácter, se ocupaba de la primera plana y ponía orden en la mesa de redacción, entre los reporteros, los fotógrafos, los cartonistas. No era brillante ni pretendía que se le tomara como tal.

El Skipper atendía otros asuntos: la línea editorial del diario, las relaciones con los grandes de la política, la embajada de los Estados Unidos, sus viajes al extranjero y al regreso, la publicación en la página frontal de una serie de artículos que daban cuenta de sus reflexiones durante las semanas de ausencia. Don Rodrigo tenía su estilo y un día abrió una encuesta interna entre los suscriptores del diario para conocer sus preferencias a propósito de los materiales que difundía el periódico. Todos los honores fueron para don Rodrigo.

Don Manuel me llamó a su lado y tuvo para mí una confianza desusada. Siempre bajo su autorización, invité a las páginas editoriales a escritores con vida y obra propias. Fue el caso de Enrique Maza, que creía en el Dios del amor y abominaba al Dios del poder; de Adolfo Christlieb Ibarrola, presidente de Acción Nacional que peleó contra los demócratas cristianos hasta expulsarlos del partido; de Alejandro Gómez Arias, el orador de la autonomía universitaria en 1929; de Ricardo Garibay, de prosa inigualable, brutal si hacía falta; de José Alvarado, la conmovida y recia unidad entre su vida y sus principios; de Hugo Hiriart, vencedor público del alcoholismo que lo acercó a la locura; de Froylán López Narváez, que llevaba a Chesterton en la piel y adentro; de Rosario Castellanos, directora de prensa de la UNAM con el doctor Ignacio Chávez, quien cambió sobres por libros en su trato con los reporteros de la fuente.

Rosario, cadáver en Israel por la maldita centella negra de un cortocircuito, atormentada por su relación con Ricardo Guerra (ahí está su libro doloroso), solitaria, a punto de partir para Tel Aviv y ocuparse allá de nuestra embajada y de los artículos que normalmente enviaría a *Excélsior*, me dijo inopinadamente: —Soy muy flaca, sin nada por delante ni nada por atrás.

No supe qué responder.

—Mírame a los ojos. Ahí están todas las formas de la mujer.

Yo trabajaba con Hero Rodríguez Toro en una oficina contigua a la del director. Disfrutaba de su erudición y buen carácter, animoso siempre. Reía fuerte e invitaba a abrazarlo. Si uno de los dos cambiaba el paso, el otro lo cambiaba también. Nada estuvo por encima de nuestra amistad.

En la oficina había un tercer escritorio. Estaba reservado para Roque Armando Sosa Ferreyro, heredero de las ideas de don Rodrigo. Por ahí, por esa oficina, llegaban Miguel Ángel Granados y Raquel Tibol, entrañables. No imagino a *Proceso* el 6 de noviembre de 1976, puntual en el gobierno de Echeverría, sin su inteligencia, carácter, decisión, y pasión asida al periodismo. Por la oficina aparecieron también Alí Chumacero, Elena Poniatowska, José Luis Martínez. Muchos.

Don Roque alguna vez me observó afanado en la redacción de un texto manuscrito.

—Si es una carta de amor, no la escriba a mano —me dijo.

—¿Por qué, don Roque?

—Con el tiempo, esas cartas suelen ser comprometedoras.

—La vida es un compromiso largo, don Roque.

—Allá usted.

Era tenso el ambiente en Reforma 18, la gana de pleito. Don Rodrigo era tinta del diario y no lo podía sustituir cualquiera, menos un director mediocre auxiliado por advenedizos, decían sus enemigos. Una noche estalló la trifulca en el tercer piso. La encabezaron Bernardo Ponce y Enrique Borrego.

"Viejo cabrón, te vamos a arrojar por la ventana", vociferaban Ponce, Borrego y algunos más. Eran pocos, pero endemoniados. "Viejo pendejo", se escuchaba descarnado el "pendejo", acompañado de ira. "Cabrón, sé digno y lárgate." Y otra vez: "Por la ventana, por la ventana". Don Manuel, junto a su escritorio, de frente, los ojos saltados, verdes o cafés, cafés y verdes, se irguió rabioso:

"Por la ventana o por su chingada madre, pero de aquí no salgo. Cabrones. Los que se largan son ustedes, hijos de su chingada madre."

En segundos llegaron redactores y linotipistas a la zona del agarrón. Habían tomado partido, querían trabajar. Los invasores se fueron retirando con el gesto torcido. De soslayo, yo había mirado a una muchacha de administración. Me había llamado la atención por su modestia recogida. Miraba y no pronunciaba palabra, pero no dejaba de mirar, tranquila, impávida. Se llamaba Elena Guerra.

Conversé con Elena Guerra al asumir la dirección de *Excélsior* el 31 de agosto de 1968, a cuarenta y dos días de la matanza de Tlatelolco y a dos meses de mi regreso de Checoslovaquia. Fui testigo de la efímera Primavera de Praga, informado a tiempo por la embajada checa del fenómeno que ahí ocurría. Viajé a Praga y supe que los pueblos pueden ser felices, no en abstracto sino en sus habitantes, uno por uno. El país eslavo había recuperado su libertad y gritaba contra los soviéticos, quienes habían encarcelado al país. Ignoraban lo que les esperaba, pero la felicidad de las doce del día, del cenit, ni los días de tormenta pueden borrarla. Todos habían reído, cantado, bailado, todos se habían besado, volcado el gozo de la vida por lo que la vida es.

A Elena Guerra la había elegido como mi secretaria y la muchacha no salía de su estupor. Pensaba que me había equivocado, que la había confundido con alguna de sus compañeras.

—¿Por qué, señor Scherer? —me preguntaba con sus ojos grandes más abiertos que en las horas de todos los días.

—Seguramente está mal informado, señor Scherer —sus palabras casi se atropellaban.

Le dije que no, que sabía con quién hablaba.

Empezó el rosario de sus mortificaciones:

—No domino la máquina de escribir, señor Scherer.

—¿Qué más, Elenita?

—No sé taquigrafía y bueno, aún cometo faltas de ortografía.

—¿Es todo?

—No, señor Scherer. No sé contestar los teléfonos y sé que soy fea y no me sé arreglar.

—¿Importa?

—A los señores creo que sí. ¿Ya me puedo ir?

Le dije que estaba bien informado, que el alegato contra sí misma me dejaba indiferente y que había pensado en ella por una sola razón:

—Usted es una mujer serena, Elenita. La he observado con atención y creo que vive sin miedo.

—Eso sí, señor Scherer.

Por la mañana del 30 de agosto había cumplido el ritual de la aceptación como director del primer periódico del país. Poco tiempo después anuncié que me bajaba el sueldo.

A Jesús García de Honor, el gerente general, hombre desencantado, le sugerí que marcháramos juntos en esta decisión. Fue cortante: "Usted toma sus decisiones. Yo tomo las mías".

Había asuntos que resolver cuanto antes. Uno: el fin de la sección de sociales. Ana Cecilia Treviño, Bambi, compañera de pintores, pintora ella misma, perdía horas esenciales en un trabajo menor. La sección se ocupaba de bautizos, fiestas de XV años, matrimonios, primeras comuniones, sepelios, viajes de recién casados, celebraciones religiosas en La Sagrada Familia, la iglesia de Julio Vértiz, el orador sagrado de la época. Muchos fieles acudían al templo de la colonia Roma para escucharlo. Bambi me pidió un cambio radical en las páginas que gobernaba, visualmente atractivas por su diagramación versátil.

Del cambio, que llevó un corto tiempo, como todo, nació una sección que se ocuparía de temas sencillos de cultura e interés general. Bambi daría el ejemplo. Viajera frecuente a París, publicaba reportajes —que fueron libros— sobre los asuntos que tocaban su sensibilidad e inteligencia. Escribía sin alarde alguno, el lenguaje llano como premisa mayor. A punto la defunción del periodismo de sociales en *Excélsior*, me dijo:

—Quiero que bauticemos la sección y que se llame Sección B.

—¿Por qué Sección B?

—¿No te das cuenta?

—No.

—B, B grande, B de Bambi.

Persistían algunas locuras en Reforma 18. El Niño Diez de Mayo era una de ellas. El periódico premiaba a la madre que hubiera parido a su criatura en el tiempo más cercano al primer minuto del 10 de mayo. Los reporteros, en tropel, nos trasladábamos a los hospitales. Notarios públicos aberrantes, dábamos fe de la hora precisa en la que el bebé había sido tocado por la luz primera. Entre nosotros rivalizábamos. Queríamos que el nuestro, nuestro niño o nuestra niña, fuera el vencedor, la vencedora. En el quirófano, la madre, abierta de piernas, en el trance horripilante y conmovedor de parir, despertaba una recóndita simpatía, una forma de solidaridad sin contenido mayor, pero real.

Llegábamos a Reforma 18 precipitados, sudorosos. El mío nació en el duodécimo segundo, decía cualquiera. La mía, porque fue niña, en el segundo ocho. No recuerdo quién decidía y *Excélsior* publicaba, en la primera plana, el resultado del certamen. A la madre afortunada se le fotografiaba colmada de regalos, sonriente, feliz entre cajas y moños de todos los colores.

Terminábamos con bochornosos gestos de adulación. El 10 de mayo, por la mañana, la esposa del director de *Excélsior* entregaba flores a la esposa del presidente de la república. En la niebla de la memoria no podría precisar qué ocurrió, cómo fue el último Día de la Madre del gobierno de Díaz Ordaz. La relación con Los Pinos era más que tirante, *El Nacional* publicaba "*Excélsior* miente", a ocho columnas y se insinuaba que en Reforma 18 se gestaban agresiones contra el gobierno.

No olvido, en cambio, que en el primer 10 de mayo del presidente Echeverría, le pedí a Susana que continuara con la costumbre y saludara a su esposa, doña Esther Zuno con un ramo de flores que luego pondría en sus manos.

—No —me dijo.

—Ayúdame.

—No insistas.

—Cede, Susana.

—Que te acompañen las niñas, si quieren.

Ana y Regina, mis hijas mayores, estuvieron conmigo en el acto formal. Las recuerdo afligidas, fuera de lugar.

Carlos Quijano

Reclinado en el asiento de un taxi, en Roma, los ojos de Carlos Quijano se detuvieron en una multitud que avanzaba entre pancartas, gritos, bailes y canto. El gentío se había hecho fiesta y el pasajero le dijo al chofer:

—Oiga usted, qué entusiasmo.

—Sí señor, pero que no le sorprenda. Aquí el entusiasmo se organiza.

—El entusiasmo no se organiza.

—Lo organiza el Duce, señor.

Quijano vio nacer el fascismo en su propia fiebre allá por 1920. Necesitado del mundo, urgido de él, durante su época adolescente estudió a Marx en alemán y a los veinticinco años ascendió a la dirección del Banco Central, en Montevideo. Fundó la revista *Marcha* y mantuvo relaciones con los movimientos revolucionarios de América Latina. Desde su oficina navegaba en el *Granma* y se internaba en las veredas de sierra Maestra, majestuosa y bella con sus orquídeas que centellaban al sol.

Tuvo a Fidel por líder irrepetible y pensó en México como la última trinchera de América Latina ante la presencia históricamente hostil de los Estados Unidos. Se equivocó con Fidel y se equivocó con México, juzgaba.

"Yo daría la vida por la Revolución cubana, pero no por los hermanos Castro", solía decir.

No aceptaba que Fidel, habitado por la vida heroica, hubiera construido la Plaza de la Revolución como un canto épico a sí mismo; tampoco aceptaba que el asalto al cuartel Moncada marcara el nacimiento de la isla. Sin embargo, nada lo violentaba como la prisión y la muerte sin apelación, ley cubana de un solo hombre.

Sobre México, opinaba sólo entre sus amigos, discreto: "Va para atrás y sus banderas se encogen".

Del Che Guevara recibió el ensayo sobre el hombre nuevo de América, la helada quimera de un Dios creado por el trabajo y el sacrificio, la doble arteria roja del amor obstinado. Admiraba al guerrillero y lo observaba sin más cordura que su delirio. En las llamas de su propia hoguera murió de muerte natural.

Don Carlos defendió a los tupamaros y a sus partidarios de la barbarie militar, las botas lustradas para el puntapié, los desfiles y la posesión de mujeres, jóvenes llorosas cubiertas de flores. Batalló contra la opresión desde *Marcha*, los tribunales y cuanto foro tuvo a su alcance, abogado eminente como fue. Pagó las consecuencias: su casa y las de sus amigos fueron arrasadas, asediadas sus mujeres y sus hijos, destruidos los archivos de la revista, asesinados los linotipistas y los empleados, martirizado hasta la sevicia Julio

Castro, el subdirector, su hermano: un bisturí de fuego lo penetró hasta el cerebro, destruyéndolo.

Raúl Sendic, jefe inspirador de los tupamaros, hombre de sociedad, encantador, dotado para vivir en la alegría, optó por el riesgo extremo. Abominaba a los saqueadores del país y los enfrentó con las armas desde el dédalo clandestino. Tras un tiroteo que lo baldó y deformó para el resto de sus días, pudo confiar a don Carlos palabras de este tono: "Siempre se puede sufrir más. Llamo a la muerte y no me escucha, invoco a la locura y me desdeña".

No podía escapar don Carlos a la última tortura, la física. Desnudo e inmóvil contra la piedra áspera de un muro de la cárcel militar de Montevideo, abierto de piernas tanto como daba el compás y extendidos los brazos hasta una tensión límite, sentía en la nuca y en los testículos la mirada obscena de los verdugos. Al primer signo de quebranto seguían los manguerazos de agua helada y el látigo de las correas empapadas en agua.

Una mañana gris —el sufrimiento no sabe de colores—, observó a lo lejos unos inmensos costales de yute que se movían como en busca de su centro de gravedad. Al pasar a la altura de los sacos, de regreso a su mazmorra, escuchó quejidos de ultratumba.

Propuesto varias veces para la presidencia de la república, la vicepresidencia, los ministerios, el Congreso, el servicio exterior, don Carlos rechazó los ofrecimientos de sus correligionarios, amigos y hasta adversarios.

—¿Por qué rehuyó el ejercicio de la política?, don Carlos.

—Los políticos usan a los hombres y yo no nací para eso.

—La política la hacen los hombres.

—Los políticos no distinguen la línea sutil que separa el uso del abuso. En su ego, cabemos todos.

A los ochenta y seis años, el 10 de junio de 1984, en negociaciones para adquirir los fierros viejos de una rotativa que imprimiera *Marcha*, murió. Fue velado en su pequeño departamento de Cuicuilco, en las cercanías de la Ciudad Universitaria.

—Pase, mi madre sabe que usted está aquí —me dijo uno de sus hijos ese anochecer de inacabable duelo.

La señora se encontraba sola, erguida en la silla de respaldo rígido. Un chal de lana oscura la resguardaba del frío. A unos pasos yacía don Carlos. Cubría su cuerpo una sábana tersa, extendidos sobre la tela sus brazos cubiertos con un saco de pijama sin un solo pliegue. Me llamaron la atención sus manos de nácar y el rostro tenuemente rosado, aún de este lado, en la vida. Junto a la cama había un buró y sobre éste un vaso a medio llenar que daba vida a una rosa de tallo largo.

Don Carlos eligió a nuestro país como refugio de sus últimos años. Estoico, el exilio fue para él tema cerrado, sin una queja. El golpe a *Excélsior* lo devolvió emocional e intelectualmente a periodistas que no se dejaron vencer por el atraco del poder. Se sobrepusieron al desengaño y a la rabia impotente, tan peligrosa en momentos críticos. Continuaron, a pesar de todo.

—No se arredre —me animaba don Carlos—, no cualquiera tiene a los cincuenta años la posibilidad de probarse en la experiencia que sabe y la imaginación que arriesga. *Excélsior* fue una herencia; *Proceso* será una creación.

Un día, orgulloso, henchido, le dije que la revista había adquirido los derechos para reproducir en México, sin costo alguno, el material de *Le Monde Diplomatique*. Sentí sus ojos cargados, la voz malhumorada que rehuía la conversación:

—Los felicito a usted y a sus compañeros. Viva el colonialismo, aprendamos de los extraños, huérfanos como nos juzgan.

En los últimos días del año 2003, el rector de la UNAM, Juan Ramón de la Fuente, invitó a una comida en la que Costa Gavras estaría presente. La sola idea de saludar y cruzar algunas palabras con él me llenó de emoción. Esperé la fecha, ansioso, y al fin estuve a unas cuantas sillas del director inolvidable: *Z, Estado de sitio, Desaparecido*. Sentí que mi trabajo con Carlos Monsiváis iba por los rumbos de Costa Gavras o, dicho con mayor claridad, que me habría gustado repetirme en algunas de sus escenas magistrales.

Entre nosotros creo que se dio un diálogo natural. Hablé de don Carlos Quijano, representado en *Estado de sitio*, incólume, de una pieza frente a los sátrapas. "Así es", dijo. Y sentí sus ojos en los míos.

Le hablé de los libros que hablan de Luis Echeverría, de la guerra sucia en México. Lo percibí interesado y también a Juan Ramón de la Fuente. Éramos como diez, pero he olvidado los nombres, febril como me encontraba en el comedor de la UNAM. El rector pidió que le hicieran llegar a Costa Gavras algunos de esos volúmenes, gesto que agradecí.

—Léalos, maestro —le pedí.

—Con mucho gusto. Cuente con mi promesa.

111

—Y escríbame, si en verdad le interesa mi trabajo.

—Así lo haré.

Pasaron años y de Costa Gavras nada supe. Pensé que mal hacen los grandes hombres cuando olvidan sus promesas. Obligados a la generosidad, lastiman de manera inútil.

Hace unos días, sin embargo, Costa Gavras, de visita en la Feria de Guadalajara, preguntó por mí. No sólo eso, buscó a uno de nuestros reporteros que cubrían el acontecimiento y entregó a Columba Vértiz, compañera de trabajo en serio, solidaria, grata, inteligente, una carta dirigida a mi persona. La carta se extravió tres años y medio a causa de confusiones absurdas. En la Feria, Costa Gavras llevaba en el bolsillo la carta original, fechada en París el 20 de diciembre de 2003. En el exterior del sobre incluía con letra menuda su teléfono y dirección en París.

Lucía Luna tradujo el pliego que, a su vez, reproduzco:

París, 20-12-2003

Querido Julio Scherer García:

Por fin encontré el tiempo para leer su libro. El trabajo relacionado con mi próximo film me impidió hacerlo hasta ayer.

Parte de Guerra II es un trabajo formidable de memoria histórica y de reflexión de justicia. Para estos hombres y mujeres, y para estos acontecimientos de su país que yo conozco mal y que conservan para mí todo su "misterio", en su libro hay retratos estremecedores de los dirigentes de aquella época. Como el de Luis Echeverría, con quien me encontré a petición de él mismo, después con usted y más tarde en París. Entonces él se pretendía defensor de los derechos humanos y del Tercer Mundo.

112

El retrato que usted hace de él justifica y verifica todas las dudas que yo tenía sobre este hombre.

Me sentí muy honrado y contento de haberlo encontrado en esa comida con sus amigos. Éste fue para mí y para mi mujer un momento importante. Si viene a París, no dude en ponerse en contacto con nosotros. Nos dará mucho gusto volver a verlo.

Amistosamente
Costa Gavras.
P. S. Mis mejores deseos para Año Nuevo.

Vimos claro en *Proceso*. Fuimos agresivos para el medio mexicano, agoreros de todos los males, catastrofistas, frustrados, decidimos organizar un certamen internacional como afirmación de nosotros mismos y respuesta a nuestros detractores.

El mes de diciembre de 1980, junto con la editorial Nueva Imagen que fundó Guillermo Schavelzon, culminó en Cocoyoc el análisis sobre "El militarismo en América Latina". Los golpistas, encabezados por Augusto Pinochet, se extendían por el continente. En México, Gustavo Díaz Ordaz, Luis Echeverría y José López Portillo ocultaban las desapariciones, torturas y crímenes de nuestra guerra sucia. El estado de Guerrero fue copia al carbón de Pinochet. Hombres y mujeres exterminados psicológicamente y torturados físicamente, ya deshechos, desde aviones militares eran lanzados al mar.

Integraron el jurado: Jean Casimir, Julio Cortázar, Ariel Dorffman, Theotonio dos Santos, Gabriel García Márquez, Pablo González Casanova, Carlos Quijano, René Zavaleta y yo. Quijano tocó un punto de convergencia: "Los gobiernos militares no han podido ni podrán resolver los grandes problemas de América Latina".

En una entrevista con nuestro reportero Carlos Fazio, Quijano recordó a Unamuno. Años atrás le había dicho en París el santo energúmeno español: "No me preocupa la dictadura, me preocupa la república". Quijano trasladaba las palabras de Unamuno a nuestra realidad latinoamericana: "Me preocupa la dictadura, pero me preocupa más la izquierda, la oposición".

En reuniones para determinar los nombres de los premiados, Gabriel García Márquez era mirado de otra manera, convencidos todos del cercano reconocimiento universal de su obra. García Márquez correspondía con entusiasmo por todo lo que veía y escuchaba. Habría sido imposible que la sencillez de entonces pudiera recobrarla. Con el tiempo, por la magnitud de su obra, comprendí el peso brutal de los homenajes, el cerco que aísla. La consagración altera las relaciones humanas. Resulta difícil tratar con naturalidad a personas de ese tamaño. Yo me propuse lograrlo y un día le dije, presente el rector De la Fuente e Ignacio Solares, jefe de Difusión de la UNAM:

—Soy tu amigo, Gabo, porque me importa una chingada que seas Nobel.

Antes del gran reconocimiento en Estocolmo, García Márquez me había platicado:

—Seré Nobel y haré todo lo que tenga que hacer durante un año, aceptar doctorados, dictar conferencias, pronunciar discursos, participar en todo lo que se quiera de mí, firmar autógrafos hasta el dolor de los dedos entumecidos.

Después seré sólo lo que quiero ser. Gabo para mis amigos y Gabito para Mercedes.

En Cocoyoc, en el juego de su humor dijo alguna vez que las palabras son como las mujeres, si las descuidas, se van. Decía también que las prostitutas vulgares aburren en la cama, igual que los lugares comunes en las páginas de los libros. Escuché de él que la verdad, la verdad incontrovertible es tema de Dios y la verosimilitud asunto de los hombres. Esa verdad, si alguien cree poseerla, sólo lo encierra en una cárcel que construye con sus propias manos.

Las opciones y la elección de una entre infinito número de posibilidades, explican al hombre y su capacidad de creación.

El premio de nuestro concurso fue para *El color que el infierno me escondiera*, del escritor uruguayo Carlos Martín Moreno. Narra el horror y el heroísmo que generó la opresión en su país, las locuras que se unieron, la traición, la barbarie, el sacrificio, la vesania, la generosidad, el amor, todo junto igual que si el cielo y el infierno se unieran para crear nuevos ángeles y nuevos demonios.

Los acontecimientos hierven en el libro y no ofrecen un nombre cierto, un escenario preciso, alguna situación concreta que responda a una realidad fotográfica. Pero es Uruguay completo y no hay ficción que sobreviva por sí misma. La acompaña, siempre, la realidad que todo explica, pero nada suficientemente.

Ésta fue la última angustia en la vida de don Carlos Quijano: el temor de que los servicios de inteligencia de su país pudieran detectar un dato mínimo en el libro premiado que pudiera conducir a la captura de algunos guerrilleros.

Juan Sánchez Navarro

La figura de Juan Sánchez Navarro me resulta conflictiva. Cercano a los presidentes, compañero fiel en los viajes que emprendían al extranjero, a sí mismo se llamaba "gorronauta". Gozaba los paseos reales y no se perdía uno solo. Los presidentes se exhibían con el gran empresario, ideólogo de la iniciativa privada, aliado inteligente del poder político.

Presumía de sus amores a todo aquel que quisiera escucharlo. Hablaba con desenfadada pasión de sus hijos fruto del matrimonio y de otros a los que reconocía públicamente. Jugaba golf todas las semanas y organizaba fiestas en su rancho, alarde de buen gusto y riqueza. Posaba con reyes, príncipes, mandatarios, mujeres hermosísimas o no tanto y con toda celebridad que, a su juicio, valiera la pena. A Octavio Paz lo invitó e hizo que apostara en las "carreras parejeras", que a Juan encantaban. Vi a Octavio en el desconcierto, cubierto de polvo y a la postre sorprendido y feliz. Se ponía todos los sombreros que encontraba a su paso y Marie Jo lo reprendía amorosamente: "Eso no, Octavio, ése no te queda bien".

Su colección de sarapes causaba asombro, como sus carrozas virreinales, su templo a la charrería, su capilla cuajada de oro, sus cristos de la época colonial, las estatuas de la Virgen de Guadalupe, los patios festivos adornados con flores. Le gustaba recorrer la avenida Chou En-lai y contaba que las semillas de los altos árboles que la flanqueaban habían sido regalo del primer ministro de Mao Tse Tung, legendario en los extremos, mandarín y revolucionario.

Sánchez Navarro solía detenerse ante una gran foto que lo mostraba ya al atardecer y al pie del Valle de México, calado el sombrero de alas anchas y montado en un pura sangre, estampa digna de un estratega que mide los alcances de la batalla que librará en unas horas.

Posiciones antagónicas, algunas coincidencias y un interés común por la política, hicieron su parte en el acercamiento que se dio entre nosotros. Juan respetaba al presidente Díaz Ordaz y yo lo miraba como se mira a un asesino. Juan detestaba al presidente Echeverría y yo también. En mi fuero interno disfrutaba de un monólogo pueril: "Vivo como periodista y aquí estoy contigo, y ahí está *Proceso*, tú, que trabajaste para la muerte de una prensa que no se rendía al poder".

Nos veíamos los viernes en el Camino Real y algunos amigos de Juan se unían a nuestra mesa. Pronto fuimos seis y el espacio resultó incómodo. Nos trasladamos al comedor del Club de Industriales y de ahí a la biblioteca del suntuoso centro de reunión de los magnates. El grupo crecía. Pronto fue insuficiente la biblioteca y en un salón terminamos veinte, treinta, cuarenta comensales.

Aparecieron algunas señoras y Juan se solazaba. A su izquierda y a su derecha no había sitio para varón alguno. El buen humor predominaba en los prolongados desayunos y la concordia era manifiesta. Juan y yo nos sentábamos frente a frente, amistosos. El afecto entre nosotros fue creciendo. Ante un grupo, públicamente, alguna vez Sánchez Navarro dijo que, a la distancia, le parecía aberrante el boicot publicitario que había encabezado contra *Excélsior*, como aberrantes le parecían las consecuencias posteriores. Echeverría había jugado con todos el juego del que era maestro, la traición.

Más tarde me contó:

Los empresarios que pesaban, los del poder económico y la influencia política, preocupados por el rumbo que tomaba *Excélsior*, acordaron reunirse en la casa del fundador de la ICA, Bernardo Quintana. Invitaron al presidente Echeverría, que concurrió puntual a la cita. Hablaron del periódico. Era peligrosa la posición que asumía, más y más cargada a la izquierda. El director, Julio Scherer García, no ocultaba su tendencia política y era verosímil que se tratara de un sujeto proclive al comunismo. El diario mantenía un ritmo de crecimiento sostenido, fenómeno que se sumaba a las inquietudes de los empresarios. El anfitrión tomó la palabra y solicitó el parecer del presidente de la república.

Echeverría fue directo. Los hombres de la iniciativa privada rendían su cuota al auge del periódico, la publicidad era fuente de ingresos para el diario. Así fortalecía al enemigo común. En manos de los empresarios estaba el remedio a una situación que ya era crítica.

Los comensales hicieron suyas las palabras del presidente, pero no entendieron el significado de los ojos a medio cerrar del maestro de la doble, triple, cuádruple intriga. Sánchez Navarro encabezó el boicot publicitario y muchos se sumaron a la campaña. Las "veinticuatro horas" de Jacobo Zabludovsky fueron un ariete. "Eran los tiempos", diría tiempo después como explicación de su noticiero plegado al poder, pero esos tiempos hicieron millonarios a algunos.

En espera Juan y yo de la señora Leticia Sánchez de Ortega y del abogado Néstor de Buen, cuatro que disfrutábamos de una cercanía de años, Sánchez Navarro volvió al tema que no lo dejaba en paz, según me dijo. Nos encontrábamos frente a los ventanales del Club de Industriales que miran al Campo Marte. Era de noche y la bandera ondeaba bajo un viento suave. Pensamos en el baile de una mujer sin rostro, de formas bellísimas, que se envolvía y desenvolvía en sus telas verdes, blancas y coloradas.

Le recordé a Juan que había sido de los primeros en felicitar a Regino Díaz Redondo al ascender a la dirección espuria del diario, el 8 de julio de 1976. Agregué, sin darme respiro, que estaba obligado a contar la historia del golpe en la parte que le correspondía. Asintió de la mejor manera e imprimió a sus palabras la gravedad de una promesa.

Alma de los desayunos, Sánchez Navarro se quejaba del caos en la ciudad. La inseguridad era el único y real gobernante de la metrópoli. El asunto no pasaba de ahí. Pero el lenguaje del forjador de instituciones de la iniciativa privada, su ideólogo por muchos años, fue endureciéndose. Creo que Juan declinaba y que pocos lo advertían. Le dije un día, creo que con el mayor comedimiento —lo quise mucho—, que no era él, Juan, el más indicado para hablar de la inseguridad en la ciudad. Contaba con un helicóptero para lo que hiciera falta y viajaba en un automóvil blindado. Día y noche le acompañaban dos karatecas de la Cervecería Modelo, atletas discretos, elegantes. Era grato escucharlos, sensibles al trato exquisito que recibían de su jefe:

—A don Juan no lo tocan —me dijo uno de ellos, dado a platicar de vez en cuando.

—¿Han tenido algún incidente, alguna gresca?

— Ninguno, pero eso sí, que no se atrevan.

A su muerte, sus secretarias lo lloraron. A su caballo negro aún no se le secan las lágrimas. Tenía un don, el del encanto, y un hábito, la generosidad en el trato.

Un viernes, uno de tantos, Juan insistió:

—Si queremos tranquilidad, deberíamos volver a los tiempos de Porfirio Díaz.

—No, Juan, eso no —le dije.

—Había orden ¿no?

—Era la ley fuga.

—Pero había orden.

—Mataban por la espalda, el crimen más artero.

—Había orden, te digo.

Fue el principio de una separación dolorosa.

Juan Francisco Ealy Ortiz

El ideólogo de la iniciativa privada fue uno de los organiza-dores del cerco que estranguló a *Excélsior*. Abierto el diario a un lento proceso de libertad, culminó el acoso de Juan Sánchez Navarro y los suyos el 8 de julio de 1976. Intelec-tuales irreductibles al sometimiento del poder y reporteros "sin línea", dueños de su información, sin director que se las arrebatara, habían hecho crecer las letras de "El Periódi-co de la Vida Nacional".

Una mañana, Sánchez Navarro y yo coincidimos en el restaurante del Camino Real. Las mesas eran distantes, él con sus comensales, yo con los míos. Juan me invitó a to-mar un café. Deseaba felicitarme por la constancia con la que asumía mi carrera. Ahora sería director de *El Universal*, siempre en el oficio.

—No, Juan.

—Lo sé de buena fuente.

—No tendría sentido mentirte hoy y arrastrar la menti-ra al día siguiente.

—Veremos.

Le dije todo lo que pensaba y pienso de Juan Francisco Ealy Ortiz Garza, el dueño de *El Universal*. Hoy vive en la cima de su periodismo, sin una nota con su firma y en el autoelogio permanente. Pronuncia discursos como un conferencista pagado en dólares y posa para los fotógrafos como un artista de los grandes. Retoma su juventud en el quirófano millonario de los cirujanos plásticos y para los momentos estelares luce un traje con hilos de oro en el entramado del género. Lo atraen los relojes de pulso y los cambia con las estaciones del día y las circunstancias climáticas que se presenten. Ealy Ortiz Garza pertenece a la especie de los filántropos que hicieron su riqueza desde los rincones oscuros del fraude, el golpe bajo, el tráfico de influencias, la corrupción.

Para Juan Francisco Ealy no existió el 8 de julio de 1976, día del golpe contra *Excélsior*. Más aún, oportunamente hizo llegar a Regino Díaz Redondo el material informativo del día. Se trataba de que el periódico apareciera el día nueve como si nada grave hubiera ocurrido en sus instalaciones y en su destino. Más aún, pocas semanas después *El Universal* inició un bosquejo histórico sobre Luis Echeverría, escrito por Luis Suárez, su partidario incondicional. La serie fue suspendida sin explicación para los lectores.

El 23 de diciembre de 2006, el presidente Felipe Calderón dispuso la cancelación de un timbre postal con motivo del noventa aniversario de *El Universal*. La ceremonia resultó vergonzosa para ambas partes.

A la adulación al poder acostumbrada por Ealy Ortiz, como expresión de un gran periodismo, correspondió la adulación del presidente de la república como expresión de la mejor política mediática, tal para cual.

En el Salón Adolfo López Mateos de Los Pinos, el presidente Calderón pronunció palabras fuera de toda proporción. Dijo:

> *El Universal* ha sido desde hace noventa años una tribuna donde se han representado los intereses de los mexicanos: sus páginas han servido para abundar en lo que Octavio Paz llamó pasión crítica, que constituye la mayor riqueza de una sociedad libre.
>
> Desde su nacimiento, el 1º de octubre de 1916, *El Universal* ha sido un actor relevante en la vida nacional y es singular que, en aquel inicio de siglo, la rotativa de *El Universal* haya sido la misma utilizada para imprimir la Constitución Política de los Estados Unidos Mexicanos en 1917.

El 30 de septiembre de 1996, *Proceso* publicó bajo la firma de Miguel Cabildo el siguiente reportaje:

> Juan Francisco Ealy Ortiz Garza, presidente y director general de *El Universal*, enfrenta una nueva acusación, ahora por el delito de defraudación fiscal equiparada, por haber declarado ingresos menores a los que percibió durante 1994 y 1995 como persona física.
>
> No obstante que la Procuraduría General de la República ya había informado sobre esa acusación, el martes 24, Ealy Ortiz se mostró sorprendido por lo sucedido.
>
> En la mañana —dijo— vine a firmar al Juzgado Quinto y me encontré que había otra querella de las autoridades de Hacienda. Entonces me dirigí al Juzgado Sexto, acompañado de mis abogados, para responder a lo que me había enterado ahorita: que había otra querella en contra de mi persona.

Luego de rendir su declaración preparatoria, el Juez Sexto de Distrito en Materia Penal, Luis Silva Banda, a solicitud de la defensa del empresario, concedió la ampliación del término para resolver su situación legal y dictaminar si procede o no el auto de formal prisión. El plazo vence este lunes.

El lunes 23, Ealy Ortiz puso en riesgo su libertad bajo fianza por desacato. No se presentó a firmar el libro de procesados, como establece la ley, que obliga a hacerlo cada ocho días mientras dure el proceso.

El martes 24 cumplió con el requisito, empero al descubrir sus nuevos abogados presuntas irregularidades en la integración de las averiguaciones previas, optaron por presentarlo en el Juzgado Sexto de Distrito con una suspensión provisional de amparo que le concedió el Juez Séptimo de Distrito en Materia Penal.

Ealy Ortiz alegó inocencia y se deslindó de nuevas acusaciones, argumentando que sus cuentas personales son manejadas directamente por un despacho privado.

Los reporteros le preguntaron si ya había hablado con el presidente Zedillo y respondió:

"No he platicado con él, pero creo que ésta es una situación ajena al señor presidente."

Acerca de si las acusaciones en su contra podrían ser la línea adoptada por *El Universal*, comentó:

"Puede ser, pero no precisamente de altos funcionarios."

En este caso, las autoridades hacendarias estiman en poco más de trece millones de pesos el daño al fisco.

Proceso dedicó su portada a Juan Francisco Ealy Ortiz Garza del 15 de septiembre de 1996. Su cabello no era como el de ahora, de apretada negrura, y su rostro sugería alguna extrañeza, con los labios entreabiertos.

El encabezado que acompaña el rostro y cubre la portada completa de la revista dice: "El truculento Ealy Ortiz. Su expediente".

La información, desplegada en ocho páginas da cuenta del personaje. A mí, una foto me resultaba particularmente atractiva. En unas cuantas palabras, el pie de grabado apuntaba certero todo un carácter: "Ealy junto a su estatua".

Los encabezados de la revista que daban cuerpo al bosquejo de Ealy Ortiz Garza entraban de lleno al tema:

Con López Portillo, el director de *El Universal* estuvo formalmente adscrito a la nómina de los Pinos.

Adulador de presidentes y beneficiario de los gobiernos a los que, a conveniencia propia, a veces critica.

"Pleito de Familia", una historia larga, mereció el siguiente epígrafe:

Durante treinta años, Jorge Avilés Randolph trabajó en *El Universal*. Fue reportero y llegó a subdirector. Actualmente prepara un libro sobre sus experiencias periodísticas. Desde su perspectiva, en el tercer capítulo narra cómo Juan Francisco Ealy Ortiz Garza se apoderó del diario y, para eliminar a los sindicatos que existían en la empresa, corrompió a sus líderes.

En seguida algunos testimonios de Avilés Randolph, textuales:

Los Juanes, una finca de 3.5 millones de pesos, una muestra apenas de la fortuna inmobiliaria de Ealy Ortiz en Morelos.

México, bajo su guía, busca afanosamente e incesantemente incorporarse a nuevas líneas de progreso, le decía Ealy a Salinas.

La relación prensa-gobierno, el sexenio pasado: corrupción, desinformación, presiones y complacencia.

Por una vez, Rogelio Naranjo erró la puntería en su cartón semanal en *Proceso*. Dibujó al presidente Ernesto Zedillo con una suástica en el brazo y a Emilio Chuayffet y a Guillermo Ortiz, secretarios de Gobernación y Hacienda, sentados sobre páginas de *El Universal*, aplastándolas. Ealy, en el lápiz magistral del caricaturista, aparece como una víctima del poder.

Enfrentado a la denuncia por la defraudación ya descrita, el director de *El Universal* había eximido a Zedillo, a Chuayffet y a Ortiz de alguna información en su contra. Ealy pertenece a "la familia" tan extendida: se equivocan los secretarios, los funcionarios de todo nivel, pero el presidente acierta siempre con sus maneras de gran político y su visión de estadista.

Miguel Alemán

El presidente Miguel Alemán fundó una colonia para él y algunos de sus íntimos en una de las playas más hermosas de Acapulco: Pichilingue, en Puerto Marqués, frente a Punta Diamante. Ahí se cruzaban las líneas de la eternidad: el agua siempre tibia y azul, el horizonte sin un velero de alas blancas que interrumpiera la visión del universo, atardeceres y auroras de muchos más colores que el arco iris.

Alemán adquirió la concesión de un terreno entre palmeras. Concesión igual obtuvieron Antonio Ortiz Mena, Fernando Casas Alemán, Ramón Beteta, Eduardo Ampudia, Pascacio Gamboa, Melchor Perrusquía, el padre y el hijo. Las casas eran sencillas, casas de playa. Los muebles eran de ratán, el respaldo de orificios para que circulara la brisa que reciben los cuerpos sudorosos como una gracia. En la casa principal había centenares de fotografías. En todas, el personaje central reía, conversaba, brindaba. La casa, además, era la única con muelle privado.

La colonia tenía sus reglas. No se admitiría a un extraño, pero sí a invitados de confianza. Pichilingue había sido imaginado para las familias, un encuentro con la naturaleza y el amor apacible, la conversación, las bromas sin malicia, soñándose todos en el paraíso por un largo, larguísimo tiempo. Poetas eminentes han escrito que existe el tiempo sin tiempo, el que no cuenta los minutos ni las horas. Es el tiempo de la ensoñación.

Por mar, uno que otro lanchero podría haberse aproximado a Pichilingue, pero el riesgo habría sido extremo. La playa era vigilada día y noche por guardias presidenciales, su mirada siempre alerta y el dedo índice de la mano derecha siempre presto. Por una senda, resguardada también por hombres del ejército, los invitados podrían llegar con los amigos, previa y exigente identificación. La soledad así compartida era propia de espíritus abiertos a la vida.

En aquella época se fue murmurando acerca de los paseos románticos del presidente a lo largo de la playa. La estrella brasileña Leonora Amar, se decía, era llevada del brazo de Alemán y en el paso lento de la pareja, él se hacía de la bolsa de la señora con los inevitables afeites de su belleza. Nada de esto era cierto. Tampoco eran ciertos los paseos con María Félix. Para ellas, había algo más que Pichilingue: el mundo.

Un día, la tragedia tocó Pichilingue. El presidente de la Junta de Bienes Materiales de Acapulco, Melchor Perrusquía, hijo menor de don Melchor, fue secuestrado una segunda vez y trece días precedieron al hallazgo del cadáver. Su viuda, Margarita Cañedo, se iría para siempre de la playa ensombrecida. Puso su casa en venta y la compró Joaquín Hernández Galicia, La Quina, para obsequiársela al presidente López Portillo como expresión de gratitud del sindicato de trabajadores petroleros por el apoyo que desde Los Pinos se había dado a la industria petroquímica.

La residencia costó treinta millones de pesos. Juan Díaz Guerrero, secretario del interior del sindicato, de las plenas confianzas de don Joaquín, llevó los segundos quince millones a Los Pinos.

—¿Llevó el dinero en alguna maleta grande?

—Fue en un portafolio de buen tamaño, naturalmente.

—Treinta millones es mucho dinero y ocupan un gran espacio. ¿Bastó un portafolio, don Juan?

—Los billetes eran nuevos, recién salidos del Banco de México. Bien planchaditos, no ocupaban mucho lugar.

—¿A quién hizo la entrega?

—Al jefe del estado mayor presidencial.

—¿Personalmente?

—Personalmente.

Y ahí fue don José, acompañado a veces por Carmen Romano y a veces por Rosa Luz Alegría, secretaria de Turismo de última hora y su fiel consejera desde el inicio del sexenio. A sabiendas o no, terminó con las reglas de Pichilingue: el presidente de la república llevaría a la playa a quien le diera la gana.

López Portillo jugaba tenis en la cancha esmeralda que se agregaba a la casa, un regalo más de La Quina. Se divertía con sus amigos y, especialmente, con Francisco Guerrero Arcocha, ex campeón nacional de tenis, su profesor. En el Club Deportivo Chapultepec, en la ciudad de México, centro de nuestra común preferencia, yo conversaba con el tenista:

—Juega bien —me decía—, es muy fuerte, pero hay que darle "chance".

—¿De qué platicaban, Pancho?

—Ya bañados, limpios, contentos por el sol y el ejercicio, una frase solía acompañarlo: "Ahora, vamos a darle una arregladita al mundo".

A corta distancia, desde el mar, la casa parece bien conservada. Entre los verdes inacabables de la vegetación tropical, imponen su espacio las terrazas semicirculares y los cristales claros propios para la contemplación del infinito. Hacia abajo, al pie de la playa, destaca un gran salón que doña Carmen Romano de López Portillo imaginó para fiestas. Entre dos poderosas trabes blancas, las ventanas de azul profundo desatan la imaginación.

La fortuna de Alemán alcanzaría para todo. Transcurridos los años se conocería la "Villa Alejandra Alemán", no lejos de Pichilingue, en la playa del Guitarrón. Su propietaria es hija de la señora Karen Kluidle, una austriaca hermosa y de mal carácter, según se dice. Cuentan que se hizo temible por su vocabulario ofensivo, la burla donde más duele, la edad.

Alemán y Karen algunas veces se presentaban en las reuniones con sus amigos. Hubo cambios entre ellos y la herencia del ex presidente a la señora se redujo considerablemente, según se dijo. Karen no lleva el apellido de Alemán, pero sí su hija, Alejandra.

La casa de Alemán en Pichilingue la heredó Beatriz, *La Chata*, su hija soltera. Miguel Alemán Velasco dispone de un terreno en el que instaló juegos y construyó bungalows para los días inolvidables con la familia, los seres queridos, los niños. Miguel tiene ya diez nietos.

Al regresar de su primer viaje a Europa como ex presidente, conversé con el licenciado en su casa de Fundición, hoy Rubén Darío. Hacía burla de algunos hábitos de los franceses, como cierto desapego por la limpieza. Usaban toallas casi del tamaño de una servilleta y no había manera de sostener la regadera de mano y pasear el jabón por el cuerpo. Las tinas le parecían anticuadas, casi ruinosas. Había que ver los baños de los hoteles de Nueva York.

Yo había solicitado una entrevista con el ex presidente. Me dijo que no, "otro día".

—De una vez, señor licenciado.

Años después lo vi largamente en la casa de Rómulo O'Farrill, director de *Novedades* y de doña Hilda, su esposa. Recibían al presidente de la Sociedad Interamericana de Prensa y nos invitaban a una cena en su honor. Yo no presté atención a la invitación impresa que advertía "de largo", y llegué por Susana apresuradamente. Su vestido era de seda, elegante y lucía unos aretes de granates, que brillan como no brillan los rubíes. De granates era también su collar. La vi bonita pero "de corto".

—Cámbiate —me dijo—, no puedes presentarte con ese saco azul marino y los pantalones grises.

Llegamos. La entrada de la casa era también una gran cochera. Avanzamos, curiosos y de pronto vimos que se aproximaban hacia nosotros los anfitriones. Él, de smoking y ella, ad hoc.

Susana se aterró.

—Me voy.

—Susana.

—Me voy.

Pero no tuvo ni tiempo. Don Rómulo y doña Hilda ya nos tendían la mano.

Lo de siempre.

—Estás guapísima, Susana.

Bajo los candiles, los invitados la observaban en actitud despectiva. Yo cobré mi pequeña venganza: observé piezas prehispánicas magníficas y una cabeza maya que sobresalía entre todas. "Esto no debería estar aquí", me dije. Pero Susana era mi preocupación. No despegaba los labios, rehaciéndose.

En eso llegó Miguel Alemán y un pequeño tropel fue hacia él. Pasada la primera euforia, Susana y yo nos aproximamos al ex presidente. Era cálida su presencia, contagiosa su sonrisa, a lo mejor por los dientes grandes.

—Estamos fuera de lugar, señor licenciado, como se ve a las claras —supe de mi voz, apenas audible.

—Sí, me doy cuenta.

—Le queremos pedir un favor.

—¿De qué se trata?

—Háganos importantes.

Nos apartamos del bullicio y en un pequeño espacio conversamos con aire de misterio.

¿De qué hablarán?, sentí que se decía.

En la cena, el asiento que se había reservado para Susana fue precisamente a la derecha de Miguel Alemán. Conversaron animadamente y Alemán apenas se dirigió a la señora de su izquierda. Además, en ningún momento prestó atención al tema central del ágape: los periódicos, la libertad de prensa y su defensa vigorosa, la generosidad de la Sociedad Interamericana de Prensa, esa cantaleta que aburre.

Ya de pie, en los finales, volví a la voz queda con el personaje:

—Un último favor, señor licenciado.

El ex presidente se expresaba con malicia.

—Primero nos despedimos nosotros. Después, usted.

No lo volví a ver. Pero sí el muelle privado de Pichilingue, que ahí sigue. Sin embargo, para el presidente Alemán no bastaba Pichilingue ni hubiera bastado la bahía completa. El océano, reflejo del universo, nunca igual a sí mismo, lo llevó a una determinación: sin horizonte se perdería en su propio yate. *Sotavento*, lo llamó, fue construido en los astilleros de Nueva Orleans, medía cincuenta y seis metros de longitud y costó 600 000 dólares.

Durante veintisiete años *Sotavento* formó parte de Acapulco, de otras bahías y otros mares. Se habló de "María Bonita" a bordo, bonita desde siempre, más bonita que Leonora Amar, la Venus de Brasil.

El doctor Héctor Pérez Martínez fue periodista, gobernador de Campeche y dos años —los primeros—, secretario de Gobernación de Miguel Alemán. Murió el 12 de febrero de 1948 y dejó a su familia una herencia ínfima.

Alfonso Reyes escribió en homenaje: "A quienes tuvimos la fortuna de tratarlo y frecuentarlo nos deja un imborrable recuerdo, así como en la vida pública de México señaló un hito por su alta y ejemplar conducta de gobernante".

Escritor constante, autor de *Juárez el impasible*, poeta en periodos largos, me llamaba la atención que un hombre sin interés por los negocios del poder, hubiera llegado tan lejos en su relación con Miguel Alemán. En esa época se daba por cierto, además, que el secretario de Gobernación tenía expedito el camino a la presidencia de la república.

Silvia Molina, su hija, va y viene con el amor profundo que le inspira el político efímero y hombre de letras. Lo trae consigo en la conversación, en sus libros que regala o cita, en fotografías, en la ciudad de Campeche que, sin hombres de la talla del gobernador Pérez Martínez, es difícil que hubiera alcanzado el reconocimiento de la ONU como patrimonio de la humanidad.

Le pregunté por la súbita muerte de su padre, tan joven.

—¿Qué pasó por ahí, señora, en ese organismo tan sano?

Serena y dolida, me dijo:

—Mi papá seguramente murió por el horror que vieron sus ojos.

De amigos

A don Rodrigo de Llano no le gustaban las infanterías y no fue él, sino el jefe de Información de *Excélsior*, Armando Rivas Torres, quien me hizo saber que cubriría la fuente del Partido Comunista y el mundo a su alrededor.

Reaccioné con un disgusto silencioso. Las verdaderas fuentes, las de las ocho columnas, eran las de la presidencia de la república, el Congreso, los gobernadores, los partidos y las organizaciones con hechuras. Como nadie, Fidel, el de aquí. En mi lista de trabajo no aparecieron los gremios de la iniciativa privada. No me atrae el poder del billete. Creo, como se decía entonces y se dice ahora, que el dinero no tiene patria. Va, vuela y regresa a su hogar: los dividendos, las utilidades, los negocios. Mi padre fue banquero y mi madre hija de un jurisconsulto notable. Nada puedo reprocharle a don Pablo, sólo quererlo, pero me incliné por doña Paz.

De manera natural conocí al general Lázaro Cárdenas, a los muralistas, a Vicente Lombardo Toledano, a Luis Cardoza y Aragón, a José Alvarado, a Heberto Castillo, que me decía hermano y me henchía la piel. Todos ellos me dieron seguridad, y Siqueiros, como ninguno, me abrió su alma. Pintor inmenso, lo conocí trágico y heroico, débil al final de su vida, cómplice de la muerte en la muerte de los días de la Revolución española y criminal fallido en el atentado a Trotsky. Supe de la traición, purga ligerita si la compensa la lealtad de la que estoy colmado, agradecido y sin palabras para poder expresar lo que no se alcanza a decir.

Traté a Gabriel García Márquez sin el peso aniquilante del Nobel y a otros cercanos a su genio, como Julio Cortázar. Tengo un segundo país, Chile. Supe de personajes que vivieron para los demás sin desprenderse de su personalidad avasalladora, como Carlos Quijano y, en otras circunstancias, Vicente Leñero y Enrique Maza, patrimonio de mi alma.

Años padecí la altivez de Octavio Paz a la que siguió un tiempo sedoso. Lo vi a punto de su muerte, abrazo sin brazos, la despedida en los ojos llorosos.

—¿Cómo va el ánimo? —le preguntaba a Octavio, ya avistaba la otra orilla.

No olvido la frase, que ya he escrito, de tanto que me impresiona su terrible sencillez:

—Del cuello para arriba todo está en orden, pero del cuello para abajo reina el caos.

—Sólo te queda la cabeza, pero sólo con la cabeza has vivido, Octavio.

—¿Y qué vale la cabeza sin el cuerpo? ¿Cómo hallas la serenidad de la cabeza sin el reposo del cuerpo?

Daniel Cosío Villegas fue clave en mi formación como director de *Excélsior*, y Rafael Rodríguez Castañeda, director de *Proceso*, fue haciéndose ejemplo de la más celosa rectitud profesional. Ve lejos, mirada de gran periodista y ahonda en la amistad.

Mi punto de partida como reportero de la fuente rojilla fue desolador. Conocí a Dionisio Encinas y quedé pasmado. Carecía de personalidad y aun de simpatía. Como secretario general del Partido Comunista Mexicano habría que inventarlo de nuevo. Alberto Lumbreras, cercano a Encinas, tenía la fuerza del carácter y la rectitud doctrinaria, y Valentín Campa pasó la mitad de su vida en la cárcel sin un signo de abandono. Si buscaba información del partido, había que buscarla lejos de las oficinas centrales.

José Revueltas, preso en Lecumberri por la matanza del 68, se burlaba del filósofo Eli de Gortari y de sí mismo. Lo veía llorar y se reía. Conocí a Revueltas en la expedición de la Secretaría de Marina que culminó en el rescate de la isla Socorro, porción del Pacífico sin agua, sin manera de vivir. Pero era nuestra y había que llevar hasta sus rocas la bandera mexicana. Caminamos horas bajo un sol atroz y me decía:

—Al regreso, sé prudente al beber. Si sacias la sed de golpe, te morirás de los dolores de panza.

No le hice caso, bebí a borbotones y pené como un condenado. Alguna vez, le dije:

—Tú, borracho hasta perder el sentido y escritor de tirada larga, ¿qué pueden importarte los días de encierro, si encerrado trabajas en tus libros?

—Se ve que no sabes de eso. La diferencia no consiste en vivir a la intemperie o encerrado, así se trate de cuatro paredes del tamaño del mundo. Piensa en la llave. ¿Me entiendes? La llave es tu libertad, la llave son tus cojones. Y la llave, todas las llaves las tienen los hijos de puta que nos traen al mal traer desde hace muchos años.

Doña Amalia Solórzano de Cárdenas me permitió las impertinencias que me vinieron a la cabeza. "El general te quiere", me decía. Una vez le pregunté:

—Doña Amalia, sabemos que el general fue ojo alegre. ¿Sufrió usted con sus ires y venires?

—No seas tonto, el general pudo haber conocido algunos vientres, pero sólo en uno descansó.

En mi casa, a gusto, me hizo un reclamo:

—Te he llamado y tardas en responderme.

—¿Le puede, doña Amalia?

—Pues sí.

Estábamos en la sala y le pedí que me acompañara a la biblioteca, que se abarca en una mirada. Le mostré una estatua del general Cárdenas de civil y erguido como militar. Había otra estatua, pequeñita, de Zarco y muchas fotografías de Susana por todos lados, de mis hijos, algunas mías con Susana, dos o tres de mis nietos. Había más fotos: de mis padres, de mis dos hermanos, una foto de Salvador Allende con la firma de Danilo Bartulín, el jefe de su escolta torturado en las salinas extremas de Chile y una del subcomandante Marcos, entre Julio y María.

"Vea, doña Amalia, más allá del amor que se comunica con la sangre, ese amor que no se toca, el general está vivo en mi pequeño refugio."

Primeros años

Muchas de mis notas iban al cesto, pero no hubo alguna que apareciera con algún cambio que alterara su sentido. No me sorprendía la consideración y el desdén simultáneos por mi trabajo. En sus distintos niveles, los jefes ordenaban y los reporteros obedecíamos. *Excélsior* pertenecía a la extrema derecha. Lo sé ahora. Pero también sé que era un gran periódico dirigido por periodistas. Los empresarios dueños de diarios, arribistas, no habían tenido lugar en Reforma 18. Indiferentes a la noticia, ajenos al reportaje y a la crónica, se acomodan con su poder, hacen negocios, y se vanaglorian como centinelas de la libertad de expresión y el equilibrio entre los poderes.

Yo avanzaba en el trabajo, no así en la autoestima. Baja como era, muy baja, la atribuía a la timidez, un embarazoso encogimiento del alma, y buscaba afanoso el éxito como un principio de solución al conflicto interior. La mirada insistente de alguna mujer me sonrojaba y me sentía descubierto, torpe. Acudí al doctor Alfonso Quiroz Cuarón, entendido en la materia. Me dijo que a la timidez no se le puede vencer, pero sí esconder. Nadie es tímido frente al espejo, argumentaba. La timidez es un problema social, un problema frente a los demás.

—Ocúltala, que no se note. Si una señora te turba, alude a tu sonrojo y a tu descompostura. Te ríes de ti mismo y quedas listo para enfrentar a cualquiera. Frente a la timidez uno entrena todos los días, como los boxeadores.

Pasó mucho tiempo para que pudiera distinguir entre la timidez y el apocamiento, los guantes colgados, sin gana de pelea, muerto el ímpetu. La timidez, en cambio, lleva a formas de soledad y la soledad concita a la reflexión. A la soledad y a la reflexión se les agrega normalmente el dolor, el sufrimiento. Pienso ahora que sólo cuando están unidos la soledad, la reflexión y el sufrimiento hay maneras de intentar una transformación o al menos un cambio personal.

Recuerdo tiempos remotos, los del Colegio Alemán. Comandados por Francisco López el goleador de *handball*, un grupo decidió visitar la zona roja. Ya era tiempo. Había que probarse en los lupanares, ver aquello, recorrer la calle de El Órgano de punta a punta. Yo dije que en "esas cosas" todos tenemos derecho a nuestra iniciativa. Me negué a la aventura comunitaria. Iría, pero solo. Y ya les platicaría.

Busqué una muchacha de rostro amable, que pareciera bondadosa. Yo pretendía un desenfado que nadie podría creerme. Si torpe era por mi manera de conducirme, idiota me sentía caminando con el único deseo de volver a mi casa. Era un atardecer y las prostitutas me acosaban con sus provocaciones obscenas. "Nene", escuché varias veces.

"Nene", palabra precisa que me ofendía. Iba bien vestido, lamentable. Llevaría dinero.

Encontré a una flacucha, bajita. Nos pusimos de acuerdo y entré a un cajón sórdido. En segundos ella se había tendido sobre un colchón delgado con "bolas" en el centro y en las orillas. Yo tardaba. Quería huir, pero ya estaba ahí. Finalmente exclamó la mujer, imperativa:

—Pero quítate los zapatos. Me vas a lastimar.

Se irguió mi hombría, el último esfuerzo que me liberaba:

—Yo lo hago así o no lo hago.

Fue un tiempo doloroso en el Alexander von Humboldt. El idioma alemán me resultaba incomprensible y me alteraba la rudeza del lenguaje. Muchas jotas y muchas erres con menosprecio de las vocales. Reprobaba y pertenecía al grupo de los rezagados. La maestra del grupo al que yo pertenecía, la "tante", la tía, tenía un apellido que ahora me crispa: Hendrich, como el genocida nazi de Lídice.

Alguna vez la "tante" me ordenó que pasara al estrado, al pizarrón. Me dictaría un párrafo de Selma Lagerloff, la Nobel de hace tantos años. Frente a mi ignorancia patente y las miradas de auxilio, mis compañeros estallaron en una gran risotada. Sentí el ultraje, la humillación. Me miraban y comprobaban mi invalidez, flaco del alma.

Eran los años de Hitler, el augurio del dominio sobre Europa. El paso de ganso era de todos los días y el bélico "Deutschland, Deutschland, uber alles". Los güeros de doble apellido alemán pertenecían al grupo "A" y nos miraban a los del grupo "B" como inferiores. Ya estaba la raza aria en los salones de clase y en los tiempos del recreo.

La señora Hendrich envió una nota escrita a mi padre. La inquietud se instaló en mi familia. La "tante" expresaba dudas en cuanto a mi coeficiente intelectual.

Ingresé a Bachilleratos, prolongación del Instituto Patria, dedicado éste a la primaria y aquél a la secundaria y a la preparatoria, planteles de la Compañía de Jesús. Para mi fortuna conocí a Pablo Latapí, enemigo frontal del Patria que contribuyó a demoler. No aceptaba sus pretensiones, "forjador de los líderes del mañana". No toleraba don Pablo esa desigualdad, esa expresión de un bárbaro racismo.

Colaborador de *Excélsior* durante años, un día se presentó a mi oficina:

—Somos amigos y quiero decirte que dejé la Compañía sin objeción alguna de las más altas autoridades eclesiásticas (el Papa, entendí). Ingresé a la Orden para ser libre y la propia Compañía llegó a impedirme la libertad.

Transcurrieron algunos meses y volvió Pablo:

—Dos minutos, Julio, sólo para participarte: sin amor, la libertad no tiene sentido. Pronto voy a casarme con Matilde. Ya la conocerás.

En Bachilleratos conocí por vez primera la consideración de los maestros a mi persona. Yo seguía sus explicaciones y avanzaba a los primeros lugares. Jugaba futbol sin amigos. Nadaba todos los días sin ánimo competitivo, una forma de aislamiento.

Además, cumplía con los deberes religiosos en la más absoluta indiferencia. Me confesaba a sabiendas de que volvería a las andadas y comulgaba con íntima lejanía. Del altar a mi lugar en la pequeña capilla de la escuela, caminaba con los ojos bajos, como todos. Me había propuesto no llamar la atención en lo que concierne a la verdadera vida. Así, la autoestima seguía estancada.

Un día nos llegó la noticia: conoceríamos el hospital de incurables, en Tepexpan, poblacho hidalguense cercano al Distrito Federal. La visita "para que aprendiéramos" fue espantosa: esqueletos semidesnudos, bocas babeantes, ojos extraviados, mentes errabundas en el misterio. Caminábamos entre la pestilencia y los camastros miserables. Vi un tronco, un cuello en movimiento dislocado, una mujer que podría ser una niña o una anciana, una mujer sin nariz y apenas con labios, ciega. Uno de los profesores de Bachilleratos —me resisto a escribir su nombre— nos explicaba: son sifilíticos, víctimas del pecado de la carne, ofensa a Dios.

Muchos años después, en Sestri Levante, sobre la Costa Azul, conocí a un jesuita alto y blanco como un lirio. Se llamaba Angelo Arpa y organizaba festivales cinematográficos en la recogida ciudad de belleza incomparable. Severo bajo su sotana oscura, sin un pliegue, iba y venía como una presencia ubicua. Para todos tenía palabras y paciencia, se hablara o no de su pasión manifiesta. Supe que lo asaltaba, pero me importaba sobremanera su opinión:

—Padre, ¿qué piensa usted del pecado?

—No he conocido pecador alguno, entendido el pecado como un enfrentamiento lúcido con Dios. ¿Quién podría atreverse, en la hipótesis inalcanzable de un desafío directo?

—¿Y el pecado de la carne?

—Llámalo pecado humilde.

—¿Por qué, padre?

Todos lo hemos cometido o hemos deseado cometerlo. No están hechos los sentidos para resistir el esplendor de un cuerpo perfecto.

Graduado bachiller, me inscribí en la UNAM. Quedaban lejos el Colegio Alemán y Bachilleratos, la vida futura imaginada de otra manera. Sería abogado y me asomé antes que a ninguna otra al "Aula Jacinto Pallares". Allí me graduaría en cinco años. No me pesaron las novatadas, perro, rapado, golpeado sin saña.

Cursaría Derecho Civil con el maestro P. Fernández, "La Leona", duro entre los duros. Recuerdo su brusquedad, su aire de insolente superioridad. El día inaugural pasó lista como si sentenciara a sus alumnos a una existencia pesarosa. Se detuvo en mi nombre y apellidos. Repitió, despacio: "Scherer… García… Julio… García… Julio". Buscó al sujeto en cuestión. Me puse de pie.

—¿Eres tú?

—Sí, maestro.

—¿Acaso eres pariente de don Julio García?

—Mi abuelo, maestro.

Descendiente de don Julio, estás obligado a tener mente jurídica, a poseerla.

"Incautos", nos decía "La Leona". Estudiaríamos derecho sin saber que el derecho niega la justicia, razón de la ley. El aparato judicial había sido pervertido, la institución del ministerio público tenía tarifa y había jueces que terminaban en mercaderes. Deberíamos aprender de José Clemente Orozco en sus murales de la Suprema Corte de Justicia, denuncia permanente contra la iniquidad en el país. El maestro procedía como si deseara ahuyentarnos de la facultad.

El tedio me llevó fuera de San Ildefonso. Después, tempranamente abandoné también cursos de filosofía y letras en el Centro Cultural Universitario, y también dejé clases en Mascarones, de la UNAM.

En el patio del Centro Cultural conocí a Susana. La vi de lejos, delgada, bonita, festiva entre un grupo de muchachas. Tiempo después me contaría que su amiga, Angélica L., usaba postizos grandes, redondos, belicosos. Entre carcajadas, Susana le reclamaba "juego limpio" y la amenazaba con traspasarla públicamente con una aguja de tejer si no se despojaba de tan inquietantes prendas.

Llegó, al fin, el día inevitable. Mi padre me dijo que, sin orden en los estudios, debía iniciarme en algún trabajo. Él me ayudaría en lo que yo dispusiera.

Fui claro, mas no cínico:

—No sé hacer nada.

—Te gusta escribir.

—Recordarás que hace años fui corrector de cuadernillos de Buena Prensa, la editorial de la Compañía de Jesús. No he ido mucho más allá.

—En la casa te he visto escribir.

—Cualquier cosa. Tengo por ahí algunas cuartillas sobre Dostoievski. Te cuento —me sentía tenso—: me gustó mucho el hachazo de Raskolnikoff sobre la vieja avara —y por ahí seguí, para evitar el tema que, en verdad, me avergonzaba.

—Pero escribes.

—De los libros tomo notas.

Al fin me propuso mi padre que visitáramos a Gilberto Figueroa, gerente de *Excélsior*. Se habían conocido en el Club Rotario, eran socios y amigos.

Don Gilberto me envió con el director de la segunda edición de *Últimas Noticias*, *La Extra*, Enrique Borrego Escalante.

—¿Sabes algo de periodismo?

—Nada, don Enrique.

—¿Lees los periódicos de la casa *Excélsior*, sus ediciones?

—Sólo la sección deportiva de *Excélsior*.

Recibí la orden terminante, la primera: permanecería cerca de don Enrique, lo observaría en su trabajo y asunto que no entendiera, él me lo explicaría. Debería mantenerme atento a eventuales problemas personales y a las exigencias de algunas señoras que lo visitaban. Ya me diría cuáles.

No conocí la casa de Carlos Denegri, la plenitud, la gloria de saberse reportero irrepetible, pero sí conocí al personaje. Xavier Olea Muñoz, su amigo y abogado, me contaba que era muy lujosa. Enormes espacios en las paredes hacían honor a las victorias periodísticas del señor Denegri. Cuidada acaso como un patio de Dios, había una capilla cuajada en oro.

—Carlos se reconocía como un pecador. Lo era. Pero también era un hombre bueno —me dijo Xavier.

—Sin alcohol.

—Pero podía ser bueno.

—¿Habríamos de revivir tú y yo las golpizas a sus mujeres?

—A la mujer que lo mató le metí ocho años de cárcel.

—¿Para qué tantos, Xavier?

Días después, Xavier Olea Muñoz estuvo de nuevo en mi oficina. Me llevaba una oración fúnebre para que la publicáramos en *Excélsior*. La leí:

> Un siglo de periodismo.
>
> Un periodista: Francisco Zarco. Un reportero: Carlos Denegri.
>
> Carlos Denegri no quiso ser nunca, a pesar de su cultura y su reconocida vitalidad, nada más, ni nada menos, que un reportero.
>
> Con esta actitud de franciscano humilde le dio grandeza al oficio, al convertir al reportero, de simple obrero de letras, en gran señor del reportaje.
>
> Carlos Denegri ha sido sin duda el más grande, talentoso y polifacético reportero, que ha parido en todas sus épocas el periodismo nacional.
>
> Carlos Denegri fue un hombre del Renacimiento. Traído a vivir en nuestra época; por ello, para algunos, no fue debidamente comprendido.
>
> Carlos Denegri conjugó grandes virtudes humanas: lealtad a sus convicciones intelectuales e ideológicas; lealtad a sus grandes virtudes humanas; lealtad a su casa editorial; lealtad a la amistad, a sus amigos, los que no lo envidiamos, pero sí lo quisimos y no lo olvidaremos.
>
> Carlos Denegri tenía en su propia casa, la que conocimos, la que sigue siendo suya y nuestra, la de Olivos, una gran barra cuajada de las gemas de sus momentos estelares —fotografías con los hombres y mujeres más importantes del arte, de la política, talento, ciencia.
>
> Y una iglesia; él era pecador, un pecador cristianamente arrepentido de la vorágine de su talento.

Querido Carlos: tu vida fue hasta el último momento una noticia de ocho columnas.

Tu madre, tus hijos, tus hermanos, tu periódico y tus amigos te seremos fieles en el más encendido recuerdo.

Descansa en paz.

Terminó Xavier. Sabría de su sobresalto:

—No se publica, Xavier.

—¿Cómo me puedes decir eso?

—No se publica.

—Pago una plana.

—No.

—Pago, te digo. Tengo derecho.

—No, Xavier.

—Vivió para su periódico.

—Fue inmenso. No cabrían sus reportajes en todo *Excélsior*. No habrá otro como él, Xavier, pero no se publica.

Ciudad Universitaria

Miguel Alemán construyó la Ciudad Universitaria, la gran obra de su sexenio. De colores y levantada sobre lava que por sí sola definiría el gris, nació porque tenía que nacer. Las escuelas y facultades de la UNAM, concentradas en el México viejo, el del centro histórico y sus alrededores, provocaban disturbios frecuentes. Una gresca entre planteles antagónicos bastaba para que se encendiera la yesca, inevitables sus consecuencias. Golpes y aun heridos, tránsito dislocado, ministerios públicos en acción.

La corrupción se había apoderado del presidente Alemán y un publicista notable, José Moratinos, trabajaba para CU y para que la obra inmensa resarciera el descrédito público de Alemán. Yo cubría la fuente universitaria y visitaba a Moratinos. Su bigote era ancho, bien poblado y sus cejas negras y desgobernadas dominaban un rostro afilado. A Moratinos no le interesaban los juegos de palabras como recurso propagandístico. Trabajaba con ideas.

Sobre un restirador mostraba su proyecto para el lanzamiento publicitario de Ciudad Universitaria, ya en su gestación final. En un primer plano se apreciaba la magnitud de la obra, al fondo la sencilla claridad del cielo y cruzando la página una frase que decía todo: "Un presidente universitario construye la Ciudad Universitaria".

Alemán, presidente universitario, sería el primer mandatario civil de la Revolución mexicana. Los gobiernos militares quedarían en la historia y habría una línea de continuidad entre el general Lázaro Cárdenas y "El Cachorro de la Revolución", como bautizó Vicente Lombardo Toledano a Miguel Alemán. Entre Cárdenas y Alemán no había espacio para el general Manuel Ávila Camacho, gobernante linfático.

Los cómplices de Alemán, "los cuarenta ladrones de Alí Babá", consideraron que el presidente merecía nada menos que una estatua en la explanada de CU, frente a la elegante, esbelta torre de la Rectoría. Encomendaron el trabajo a Ignacio Asúnsolo, escultor de fama. El otro era Juan Olaguíbel, el de la "Diana Cazadora".

La inauguración tuvo lugar el 18 de noviembre de 1952, dos días antes de que Alemán entregara al país Ciudad Universitaria. Su ausencia fue justificada, "el pudor lo vencía", pero los discursos no podían dar más de sí. Alberto Trueba Urbina, el orador oficial, dijo de la estatua que era "símbolo eterno en piedra que rivalizaría permanentemente con dos centinelas, el Popocatépetl y el Iztaccíhuatl, vigías inconmovibles de la obra maravillosa de un régimen y del magnífico esfuerzo del creador de esta urbe de la ciencia y la cultura".

Símbolo vivo, la estatua fue llevada poco a poco a la muerte pública. El 5 de junio de 1965, estudiantes de la Facultad de Economía arrojaron cubetazos de petróleo a la escultura, amontonaron a su alrededor madera, papel, desperdicios y acercaron fuego al material inflamable. De su base se desprendieron bloques de piedra y la túnica de Alemán, doctor honoris causa, cambió del oscuro impecable a un negro pegajoso, sucio. Ocho días después, una carga de dinamita hirió aún más a la estatua y terminó con su prenda emblemática.

Ignacio Asúnsolo reparó su obra y ésta reapareció triunfal en la explanada de CU. El mismo Alemán era otro. El artista había eliminado la rigidez de sus facciones, impropia de un humanista. Se pensó que por muchos años ahí quedaría el ex presidente, pero el mes de mayo de 1966 fue bañado en chapopote y el 5 de junio cuatro detonaciones lo decapitaron. La dinamita tronó en la madrugada y no quedó testimonio de la cabeza del ex presidente, que rodó por el suelo.

Una estructura informe de láminas y maderos largos la mantuvo un tiempo maltrecha y en exhibición vergonzosa. Fue hasta el año de 1972 cuando los bloques de piedra y los últimos rasgos escultóricos fueron retirados de CU.

Muchas veces he recorrido el espacio entrañable del Pedregal sin encontrar huella alguna del "presidente universitario". El doctor Javier Villarreal, tesorero del Patronato de la UNAM y responsable de sus bienes, confirmó lo que ya presentía: en el inmenso territorio a su cuidado en toda la Ciudad Universitaria, no hay vestigios de Alemán. No existe placa alguna que dé cuenta de la ceremonia inaugural que abrió CU a la nación, tampoco una sala que lleve su nombre, un auditorio, algún apunte de los grandes pintores que embellecen e integran la obra monumental.

No una, muchas veces ha ganado la UNAM su autonomía.

El desplegado

El 5 de agosto de 1960 firmé un desplegado que protestaba por la brutal represión del gobierno en contra de estudiantes, padres de familia y maestros disidentes del Sindicato Nacional de Trabajadores de la Educación.

Carlos Monsiváis me invitó a firmar el documento e iniciamos una amistad que perdura sin sombras ni momentos de encono. Sabía de su fama incipiente y de su arma envenenada, el sarcasmo. Decían que era muy inteligente y hacía gala de su memoria prodigiosa. Decían que no se recordaba alumno como él en la Escuela Nacional Preparatoria y que de todo estaba enterado. Decían que valía la pena.

Sus anteojos, de grandes cristales redondos y pesada armazón oscura, hacían de Monsiváis un hombre dueño de su fealdad y simpatía. Se comportaba como le daba la gana y la cortedad de su trato obedecía a sus propias decisiones. Sonreía a medias, como diciendo, la mitad va para adentro, solitario como ha sido siempre. Hay temas que apenas hemos tocado. El sufrimiento es uno de ellos. Alguna vez me dijo: "Sin el dolor, no hay crecimiento posible".

Fue larga la lista de firmantes en el documento que *Novedades* hizo público. Entre otros: Rosario Castellanos, José Chávez Morado, José Emilio Pacheco, Alberto Gironella, Carlos Pellicer, Efraín Huerta, Carlos Fuentes, Gastón García Cantú, Eli de Gortari, Henrique González Casanova, Margo Glantz, José Luis Cuevas, Elena Vázquez Gómez, José Luis González, Guillermo Montaño, Jorge L. Tamayo, Antonio Pérez Elías. Además, tres reporteros de *Excélsior*: Eduardo Deschamps, Miguel López Azuara y Julio Scherer García. Consignaba el texto:

El día 4 de agosto, diversos grupos represivos policiacos, en un alarde brutal de fuerza y con saña inusitada, impidieron la celebración de una manifestación pacífica de grupos estudiantiles, del magisterio y de padres de familia que, amparados en libertades constitucionales, pretendían hacer uso de los derechos de libre reunión. Los suscritos, ejerciendo un elemental derecho y un no menos claro deber ciudadano, protestan enérgicamente contra las tácticas de violencia puestas en práctica por esos grupos, no sólo por la violencia de la ley que esas medidas suponen, sino porque, en un contexto más amplio, el uso de la fuerza para dirimir los problemas sociales constituye, en sí, un antecedente de graves consecuencias para la vida política de México.

Los estudiantes, maestros y padres de familia agredidos con macanas, gases, sables y cargas de caballería sólo aducían su derecho a reformar una situación que por largos años ha frustrado las mejores aspiraciones de varios sectores del país: la ausencia de democracia sindical. Los suscritos no pensamos que este hondo problema se resuelva mediante la acción del cuerpo de granaderos, sino mediante el ascenso real de la voluntad de los trabajadores consuetudinariamente violada por directivas sindicales espurias. Que el gobierno, a través de sus fuerzas represivas, sostenga de hecho los vicios de nuestra organización sindical contra las legítimas aspiraciones de los agremiados, es un hecho que debe llenar de seria preocupación a todos los mexicanos conscientes. Los dirigentes de la Sección IX del SNTE, arbitrariamente depuestos por la directiva "charra" del sindicato, han demostrado, ampliamente, que cuentan con el apoyo mayoritario de la base. La frustración de estas aspiraciones mediante la fuerza represiva, debe llenarnos de consternación.

El presidente Adolfo López Mateos deberá definir, esta vez con hechos, la postura democrática que tantas veces ha expresado. Para ello, deberá tomar decisiones capaces de demostrar que actos tan antidemocráticos como los que condenamos no volverán a repetirse. Esas decisiones, a nuestro entender, deben consistir:

1º En hacer respetar la decisión mayoritaria de los trabajadores agremiados.

2º En ordenar la disolución de los cuerpos represivos, que impunemente violan la Constitución.

3º En ordenar la destitución de los funcionarios incapaces de dar solución racional a los problemas de su incumbencia y de proteger las garantías individuales consagradas en la Constitución.

Inesperada, estalló la violencia inquisitorial en Reforma 18. Nadie, nunca, debía contrariar el pensamiento editorial de la casa, respetuosa del presidente de la república, responsable de la nación. Los ataques de los tres reporteros de *Excélsior* contra el licenciado López Mateos, difundidos de manera artera en un periódico de la competencia, alcanzaban el escándalo.

Por primera vez supe del lenguaje corrosivo de la sospecha. No hay defensa ante la mirada que se oculta y el dedo que señala de lejos. Se daba por sentado que el texto publicado en *Novedades* había sido inspirado por los comunistas, destructores de la paz social. Deschamps, López Azuara y yo seríamos llamados a cuentas.

Presidieron el tribunal don Rodrigo de Llano y don Gilberto Figueroa, los monumentos de *Excélsior*. Rara vez se mostraban juntos ante los cooperativistas, pero cuando se daba la ocasión sin que mediara una fecha que celebrar, el mar rugía por dentro. Abarrotaban el salón de juntas los treinta miembros del Consejo de Administración, Vigilancia y Control Técnico. Más nosotros, los réprobos.

Empezaron los cargos. La información pertenecía al señor De Llano y al país, al señor presidente. Desmesurados, habíamos atacado a los dos. También habíamos agredido el espíritu de cuerpo de la redacción y habíamos recurrido a un competidor para solventar querellas que nos eran ajenas. Yo me había encogido, a sabiendas. Quería continuar en *Excélsior*. No había otro periódico y el mundo se me cerraría sin las páginas del diario.

En las horas sin alma de la reunión, no advertí un gesto amistoso. Todos éramos iguales, salvo Eduardo Deschamps. Sin acceso a su propio alegato, de haberle sido posible habría adjetivado con toda la fuerza de su temperamento. Era reconocido como los boxeadores que no dan un paso atrás en el cambio de golpes, pasara lo que tuviera que pasar. Alguna vez retó a duelo al jefe de Información, Armando

Rivas Torres, "con sable o lo que quiera, pinche gordo". Algunos años en el Colegio Militar, algo traía de los buenos cadetes.

Don Rodrigo me había señalado como interlocutor, reconocía cierta autoridad de mi persona en el diario después de veinte años de trabajo. Me preguntó, expresivos sus ojos de agua, si pertenecía o había pertenecido al Partido Comunista. Yo acepté el asedio, resuelto a continuar en Reforma 18. Dije la verdad, pero no dije que entre sus militantes había luchadores que admiraba y a los que me unía un afecto profundo. De ese lado, del socialismo, aspiración plausible, he pensado que se encuentran los mejores.

No recuerdo las palabras finales de don Rodrigo. Recuerdo sí, su elegante menosprecio. No saldríamos de la cooperativa, expulsados. Don Gilberto, inmenso en sus ciento cuarenta kilos, me veía sin mirarme. Supe de la rabia de Eduardo Deschamps. No obstante, permaneció en Reforma 18. Su salida de la cooperativa, en él absolutamente natural, habría provocado una inevitable explicación pública que evitó y que no me habría favorecido. Su amistad silenciosa no ha tenido precio para mí.

El Politécnico

El 11 de abril de 1956 estalló la huelga en el Instituto Politécnico Nacional. La lucha alcanzaría momentos de ferocidad. El conflicto, por decisión del Skipper, quedaba en mis manos.

Responsable del seguimiento de la noticia, vivía la vida que me gustaba. La violencia del conflicto implicaba un riesgo, que me atraía. La información cobraba interés nacional y por la noche me esperaban con alguna ansiedad en la redacción. ¿Qué hay de nuevo?, me preguntaban. Yo me ufanaba. La información es amplia, señor Rivas Torres, pasan muchas cosas. Algunas veces pensaba que el Skipper me llamaría a su oficina, a unos metros de la redacción. Nunca ocurrió algo parecido, una palmada, algún distante reconocimiento al esfuerzo de todos los días.

Los estudiantes denunciaban que se les trataba como a un lumpen y exigían una nueva ley orgánica para el Instituto, becas, algo más que desperdicios en los platos de los internos, dormitorios que pusieran fin al espectáculo de los muchachos que dormían a la intemperie o bajo las instalaciones del estadio de futbol americano, el guinda, su

orgullo. Querían un nuevo Politécnico con terrenos deportivos, aulas decorosas, material de trabajo y maestros responsables. Pero, sobre todo, demandaban la remoción del
ingeniero Alejo Peralta, el recién nombrado director con
fama de arbitrario y brutal, golpeador si hacía falta.

El líder de la huelga, el secretario general de la (Federación Nacional de Estudiantes Técnicos), contaba con la
adhesión de sus compañeros. Se llamaba Nicandro Mendoza, era del altiplano y se apoyaba sobre todo en Roberto
Robles Garnica, también de Michoacán. Robles Garnica
era audaz, imaginativo, distante por su propia naturaleza
y sus cualidades sobresalientes. Se le escuchaba. Era hombre rudo bajo una apariencia tranquila. Nicandro, cacarizo,
poseía un encanto extraño. No sé qué tenía su sonrisa, que
brillaba como no le brillaban los ojos. Era como era: elegiría
las madrizas y la cárcel antes que la rendición.

El ingeniero Peralta, graduado en el Politécnico, hombre de inteligencia matemática y empresario de éxitos, gustaba de la riña personal. Excedido de peso, pero de punch
definitivo, enfrentaba a cualquiera. Fue amigo de toda la
vida de Arturo Durazo Moreno, el gángster que llegó a
la jefatura de la policía en el Distrito Federal. En el Politécnico, advirtió:

—Habrá orden pase lo que pase.

Observaba a Nicandro rodeado por sus compañeros de
la FNET, Mario Molina, el secretario general, Raúl Arce, el
tesorero, los vocales y muchos ansiosos por saber cómo
estaban las cosas y qué pasos habría que emprender. De
pronto, alguien se le acercó y Nicandro respondió, como
un relámpago:

—Vamos.

Al pasar junto a mí, me dijo:

—¿Vienes?

La dirección del Politécnico había resuelto disolver un mitin de los huelguistas con la fuerza de los jugadores de futbol americano, esos golpeadores también conocidos como el "equipo de animación". Yo me vi en primera fila, al paso decidido de Mendoza y Robles Garnica. Cuando el miedo se esconde, el valor asoma el rostro. No había de otra. Escuché el silbido de las piedras, muchas lanzadas con honda. Vi caer cuerpos y vi rostros sangrantes, escuché las incoherencias del pánico, aullidos de rabia, injurias. La batalla cesó por la intervención de los granaderos, también brutal.

Yo seguía los acontecimientos con fidelidad. Nunca tuve un desmentido o una llamada de atención. No todas las cuartillas pasaban limpias del corrector de estilo a los linotipistas y de ahí a las páginas del diario. Había reglas consagradas, matices que no debían publicarse, giros que convenía eliminar, otros ajustarlos diestramente a la filosofía editorial del diario. No me habría sorprendido la eliminación de un párrafo en mi trabajo.

El 24 de septiembre, a poco más de cuarenta días de la huelga, viví horas gratificantes, un reconocimiento al trabajo. Una nota, a tres columnas al margen izquierdo superior de la primera plana, había aparecido junto con mi firma. No era un hecho de todos los días. Difundía *Excélsior*:

Amenazan con violencia los del Poli.
El director, dispuesto a acabar con la corrupción.

Los titulares eran sesgados, periodismo ideológico. La carga apuntaba a los huelguistas. Ellos amenazaban y la verdad simple era que las amenazas se habían convertido en un fuego cruzado.

Informaba el diario, bajo mi nombre:

> Ayer se acabaron la leche, la carne y los huevos en los almacenes del internado. A mediodía se racionaron esos alimentos y ya para la cena los internos hubieron de suprimirlos y contentarse con pan, verduras y fruta.
>
> Los huelguistas habían reaccionado: "Por hambre no seremos vencidos".

Continuaba la nota:

> Hay un hecho que no puede pasar inadvertido en el análisis de este problema del Instituto: el carácter del ingeniero Peralta. Es hombre decidido. No le arredra enfrentarse a los estudiantes. Y ha expresado que saneará el Internado, sin que importen los escollos.
>
> Son, pues, dos fuerzas que pueden chocar de frente: la de las autoridades y la estudiantil.

Ya entrada la noche, la redacción semivacía y el Skipper en el "Amba", Alberto Ramírez de Aguilar me alcanzó en el elevador. Hombre alto, de rostro delgado y nariz afilada, la elegancia en él era tan natural como la pipa. Le atraía la ropa fina y le gustaba la combinación del café oscuro y el gris, también oscuro. No lo recuerdo sin corbata.

—Vámonos juntos, Alberto.

—Tengo que hablar contigo.

164

Lo advertí serio, más allá de la preocupación.

—Estuve con don Rodrigo.

—Dime, Alberto.

—Me habló confidencialmente, me dijo y reiteró que confiaba en mí. Me dijo que en las horas por venir se jugaban en el país muchas cosas. Horas trascendentes, fueron sus palabras.

—Dime ya, Alberto.

Me dijo que en unas horas el ejército tomaría posesión del Politécnico y que la nota la cubriría él y no yo.

—¡Cómo!

—Me dijo que no te tiene confianza. Sí, Julio, me dijo que si estuviera en tus manos tamaña información, muy posiblemente delatarías el plan del gobierno a los huelguistas. Y correría sangre. Me dijo que no habría paso atrás, pasara lo que pasara. Me dijo que era decisión del presidente de la república.

—¿Qué piensas, Alberto?

—Haré lo que tú quieras.

—¿Pero hay alternativas?

—Varias.

—¿Cuáles?

—Yo puedo negarme a cubrir la información y queda en tus manos. De aquí a unas horas se desata el acontecimiento y tú lo cubres. A don Rodrigo le diría que no te encontré.

—No tiene sentido, Alberto.

—Cubramos la información juntos. Nos condenamos los dos.

—Cubre la información, Alberto. Son órdenes. Ni modo.

—¿Te pesa?

—En el alma.

—Desisto.

—Y nos corren a patadas.

Horas después, atribulado, leí las ocho columnas de *Ex-célsior*:

Tropas federales clausuraron el Internado del Politécnico.

Y enseguida:

Soldados y granaderos cerraron el foco de la agitación estudiantil.

Escribió Alberto:

Quienes cruzaron por las calles de Prolongación de Carpio, Ferrocarril de Cuernavaca y otras próximas a la Ciudad Politécnica, a las cinco horas de ayer, deben haber pensado que el ejército preparaba maniobras militares.

Porque, en efecto, había un gran movimiento. Transportes militares, "jeeps", automóviles de la Secretaría de la Defensa y vehículos de la policía se fueron estacionando poco a poco y silenciosamente en las calles adyacentes al internado del Politécnico.

De los coches verdes, con grandes números en los costados, bajaron personajes uniformados y con un águila y las estrellas en las hombreras: Matías Ramos, Álvaro Sánchez Fagoaga, Antonio Sánchez Acevedo y otros.

De los automóviles de la policía descendieron el general Ricardo Topete, subjefe de ese cuerpo y el teniente coronel Peregrina.

Dieron ellos las órdenes a los soldados y a los granaderos. Alrededor de ochocientos soldados, pertenecientes al octavo y al vigésimo cuarto batallones, saltaron de los transportes y se formaron en las calles.

Subtenientes, tenientes, capitanes y mayores tomaron mando de pelotones y compañías. En pocos minutos rodearon la manzana del internado y cerraron las adyacentes: cortaron la circulación de vehículos de transportes.

Hasta ese momento, sólo los jefes en la más alta graduación sabían de lo que se trataba. Se había mantenido en el mayor secreto la decisión de clausurar el internado. Sin embargo, este reportero, el fotógrafo Carmona y el camarógrafo Medina, de *Excélsior*, estaban presentes.

El ingeniero Peralta habló con los empleados nocturnos del internado. Y éstos abrieron las rejas.

—Vamos para adentro…

En voz baja fueron dadas las órdenes militares. Y los soldados comenzaron a avanzar. Su misión era rodear el edificio por fuera y luego entrar. Debían apoderarse de los cinco pisos de los dormitorios.

Eran las 5:20 de la mañana.

Transcurrieron unos minutos antes de que unos capitanes se presentaran ante los generales y les dijeran:

—Cumplida la orden.

Previamente, para evitar que desde afuera se les avisara a los internos, la Dirección Federal de Seguridad había cortado los teléfonos.

Se tenía la absoluta certeza de que nadie se había percatado de nada. Todos los internos dormían a pierna suelta.

—Habrá que despertarlos —dijo el ingeniero Peralta.

—¿Cómo?

El secretario de la Defensa, general Matías Ramos, respondió:

—Con "diana".

La banda del octavo batallón de infantería recibió la orden de dar el toque de diana. Pero no en el jardín, sino en el interior de los dormitorios.

—Y se dio a las 5:50 horas.

Nicandro fue encarcelado nueve años. Cumplida la condena se negó a firmar la boleta que le otorgaba la libertad. De firmarla, implicaba la aceptación de una culpa que no reconoció. Abandonó Lecumberri entre empellones, rodeado de policías.

Nicandro volvió al ejercicio de la medicina y de la investigación científica. Desencantado, sonreía de otra manera.

Robles Garnica también conoció la cárcel. Ejerció un tiempo como médico rural en el sureste del país. Supe que le fue mal y lo perdí de vista.

Alejo Peralta recibió más de una invitación de Arturo Durazo para recorrer los separos de la policía en la Plaza de Tlaxcoaque. Conversaban y la pasaban bien, se decía. Algunas ocasiones los acompañaba el subdirector de la policía, Francisco Sahagún Baca. Si Durazo era cruel, Sahagún era sádico. Se decía que disfrutaba la vista de los sujetos hechos andrajos, en el suelo, entre vómitos.

Ricardo Garibay escribió un texto que tituló "El Dios de los separos" y que publicó *Proceso* el 14 de agosto de 1989:

Nota —empieza Ricardo—: Esto sería "14 de agosto", pero se llama como se llama por lo que tú verás. La lengua no tolera maquillaje, perdona su veracidad.

No era de todos los días que el "señor" bajara hasta los "separos", ergástulas tíficas infestadas de ratas y excrementos, en permanente penumbra de focos ñengos. Era de algunas veces, acaso sintiera la gana de remozar su impotencia buscando el orgasmo que le procuraba dar la vida o el infortunio, la tortura, la locura o la muerte, con un ademán, con una palabra, con un gesto de cansado entusiasmo. Y luego de esto, rejuvenecido, subía de dos en dos los escalones, hacia la millonaria cosecha de los ilícitos del día.

Era cosa de algunas veces cuando —rasurado, alisado y perfumado desde la calva a los zapatos, dejando rastro de menta, canela y lavanda y un temprano tufillo de X-O; en los ojos la lucidez y cocaína; en las quijadas el ímpetu criminal; en la soltura el bienestar de las sedas y lanas importadas para su flamante bléiser— el "señor" Comandante en Jefe de la Dirección de Investigaciones para la Prevención de la Delincuencia, coronel Francisco Sahagún Baca, bajaba hasta los "separos" de la temida dependencia encomendada a su honorabilidad.

Ha bajado el "señor". Ahora viene por el pasillo oscuro, está a punto de entrar en la zona de los focos cargados de moscas. El hedor que han dejado los miados y alaridos de mil terrores, no altera la sonriente calma de su gesto, sólo le encuadra más las quijadas y le infla las ventanas de la nariz.

Conforme avanza, sus guaruras abren las puertas de los "separos" y uno de ellos, más principal que los otros, mejor enterado, chacal de aspecto viscosamente nocturno, va informando:

—Adrián Requejo Vargas, asalto a mano armada, tienda de abarrotes, apuñaló al propietario, propietario moribundo, hospital de Xoco, dos noches aquí con sus días.

El "coronel" se asoma al asaltante, que tiembla al fondo de la celda. Le sonríe. Ordena Sahagún Baca:

—Madréenlo —y sigue.

—Maclovio López López, riña colectiva, pulquería, punzón, dos víctimas ya sepultadas, siete noches aquí con sus días.

Se asoma el "coronel", sonríe. El preso defeca insoportablemente.

—¿Dos muertos?

—Dos y un malherido en el hospital.

—Chínguenlo.

Sahagún se volvió un misterio en el país, como el diputado Manuel Muñoz Rocha, que un día desapareció sin dejar huella de sí. A Sahagún también se le buscó por años y los reportes sólo dieron cuenta vacía del fracaso. Del diputado se dijo que "sabía" y del policía, igual: "sabía".

Su secretaria, una güerita atractiva que vivió hasta el fin con José González, su marido ciego, en la plenitud de su fuerza atlética, guardaespaldas de Durazo. Ella, la güerita, se quejaba amargamente de su jefe. Decía que le entregaba expedientes policiacos, ocultos y visibles en su interior, sobres con cocaína.

"Anímate, güerita, que luego viene lo mejor", le decía y se le acercaba.

Alejo Peralta me invitaba a su ganadería de Pastejé y a la inauguración de las temporadas de beisbol, el lanzamiento de la famosa primera bola. Dueño del Tigres, "el rey de los deportes", el deporte de las nueve entradas llegaba a enloquecerlo.

Un día me llamó por teléfono:

—¿Podrías reunirte conmigo en un rato?

—Con mucho gusto, Alejo.

—Estoy con "La Tigresa".

—Conozco su casa.

—El asunto es de ella.

—O asunto tuyo, me da igual.

Pasé directamente a un patio soleado con una pequeña piscina de agua azul. Había cabezas de caballos de tamaño natural, había flores de muchos colores, enredaderas en el milagro de su verticalidad y estaba ella. La vi sin maquillaje, la nariz esculpida, como los labios, los pómulos de línea suave. La cubría y la descubría una bata ligera. Observé sus piernas largas y más bien delgadas, remembranza inevitable de Lola, la de *El Ángel Azul*, caracterizada por Marlene Dietrich.

A su lado, en una pequeña mesa cuadrada, Alejo le tenía la mano y ella retenía la de Alejo. Se apretaban, escena erótica, como hay tantas y a toda hora. Ella empezó a platicarme sus problemas. Se trataba de una falsificación de firmas que la hacían víctima de un despojo.

—No la entiendo, señora.

—Explícate, Irma, ¿o eres pendeja? A Julio lo hicimos venir hasta acá y no está para que pierda su tiempo.

—A mí no me chingues, cabrón.

—Pendeja, tú.

—Señora, cuénteme.

—Mientras más me contaba, menos entendía. Opté por la prudencia:

—El asunto vale la pena. No se preocupe, señora, tú tampoco, Alejo. Mañana estará por acá un reportero. Le explica, señora y publicamos la nota.

—Ya ves, pendejo, Julio sí me entiende, no como tú, cabrón.

Las manos, a todo esto, no se soltaban. Bajo el sol, todo sudaba.

El Papa

Cercano el 4 de octubre de 1965, el director de *Excélsior*, don Manuel Becerra Acosta, me llamó a su oficina. Lo vi tras el escritorio que ocupó don Rodrigo de Llano, al centro, de pie, frecuentemente como su antecesor, sin un paso lateral que pudiera propiciar un saludo de mano. Era yo quien debería llegar hasta él y pronunciar la frase habitual: "A sus órdenes, don Manuel".

Don Manuel, hosco por naturaleza, fue desde el inicio en la dirección de *Excélsior* un hombre con personalidad propia. Sonreía apenas, pero sus ojos verdes, que se volvían cafés al atardecer, expresaban por mí cierta preferencia. Era estricto, porque así era y era afectuoso, porque así era también.

Viví minutos inesperados de zozobra y alegría. Estricto, siempre estricto, en mucho quería parecerse al Skipper, me dijo que la visita del Papa a la sede de las Naciones Unidas en Nueva York la cubriría con Manuel Mejido y Enrique Loubet Jr.

—Prepárese. Tiene algunos días. Otro tanto diré a sus compañeros.

Disfruté del alborozo y un íntimo sentimiento de gratitud. Viviría el día que los periodistas del mundo querrían vivir. La ceremonia sería irrepetible y yo estaría ahí. No obstante, la responsabilidad me abrumaba. A la hora de escribir, cómo dar con el sustantivo preciso, el verbo rápido, el adverbio que a veces ayuda, el adjetivo, alma del lenguaje. Cómo hacer de las palabras colores y de los colores fantasías y de las fantasías un lenguaje periodístico. Una crónica bien llevada pero con un detalle de más o de menos equivaldría a un derrumbe profesional. Sólo cabría la brillantez. Dormiría entre pesadillas y los rascacielos de Nueva York.

Llegaría con material de apoyo. Observaba las fotos del Papa, del secretario general de las Naciones Unidas, U Thant, y me decía que desde México podría describirlos. Me valí de escritores y descripciones magníficas de los personajes en sus novelas. De un retrato literario de Thomas Mann tomaba la nariz aguileña de Paulo VI y Malraux me ayudaba con el aire oriental de U Thant. Hice otro tanto con los salones de las Naciones Unidas, centenares de veces reproducidas en libros escolares y volúmenes de arte. Describía las alfombras persas, que no podían ser más bellas. Reproducía a solas, el sigilo a prueba de cualquier indiscreción, los movimientos majestuosos de Paulo VI, a quien mi madre había visto desde la Plaza de San Pedro y me había dicho: "Embelesa, parece Dios".

Me protegía, veinte cuartillas adheridas a mi piel al salir de Nueva York. En el Waldorf, lo primero que hice fue depositarlas en la caja fuerte que se me habían asignado en la suite compartida con Mejido y Loubet.

—¿Qué escondes? —me preguntó Loubet.

—Apuntes.

Disfrutaba de un humor en ascenso, como las primeras copas en un ambiente excitante. De pronto, en uno de los pasillos de la ONU, vi a una mujer hermosa: de negro, elegante, dueña de un cuerpo que nadie merecería, natural como las diosas, los cabellos rubios acomodados donde les daba la gana. Era Enriqueta Loaeza. Nos abrazamos y me dijo que trabajaba para el gobierno de México y podría ayudarme en lo que yo quisiera, que el acceso no se le negaba en sitio alguno. Sorprendidos, vimos pasar a Robert Kennedy, en sí mismo un espectáculo.

—¿Qué quieres? —me preguntó Enriqueta con sus bellos ojos.

—Alcánzalo y dile que lo necesito entrevistar —le respondí también sin palabras. Corrimos.

—No me va a hacer caso.

—¿A ti?

Llegamos adonde se encontraba el segundo de la dinastía famosa y en un inglés perfecto Enriqueta me presentó, le dijo que trabajaba en *Excélsior* y que, a través de ella, deseaba hacerle algunas preguntas. Kennedy no supo de mi existencia, pero sí de Enriqueta. La exclusiva fue grande. Enriqueta ya no se apartaría de mí un segundo.

Olvidé las cuartillas de apoyo y trabajé atenido a mi propio frenesí, sin horas, sin fatiga. Envié a la redacción de *Excélsior* infinito número de palabras. Las reiteradas ocho columnas del diario fueron mías, también algunos reportajes de enjundia. Si dormí, no me di cuenta.

Me hacía leer por las noches los titulares y me hacía repetir mi firma:

Jamás en la historia se esperó a nadie con tanta ansiedad. Robert F. Kennedy comenta la visita.

Dramático Mandato: Jamás los unos contra los otros. ¡Jamás! La voz de Paulo electrizó a la ONU.

Y los reportajes sobresalientes:

Del Aerópago a la ONU. Paralelo entre Paulo VI y Paulo de Tarso.

Ghetto Negro y Ghetto Blanco. 300 000 negros esperan una esperanza.

El Papa con los Niños. Entre la Pompa, un acto de Humildad.

Nueva York, rendida ante el Pontífice. Su recia figura despertó en la ciudad un clamor jamás oído.

En la Feria Mundial se despidió de la multitud. Antes de la despedida, el Papa fue recibido con los cantos de alegría de la Misa de Joseph Haydn. El óvalo impresionante, donde se encuentra el pabellón del Vaticano, se llenó de sonidos inefables cuando ya al final, se escucharon, escuchamos todos las campanas de la Santa Sede.

Tengo certeza de que no hay hombre más libre que el reportero. Los acontecimientos los hace suyos y en esa medida le pertenecen. Nadie puede mirar de igual manera lo que yo miré en las profundidades de las minas de Sudáfrica, descenso dramático en un malacate de madera vieja que se sostenía de milagro. Nadie vio la misma muerte en las víctimas del cólera en Bangladesh, en fila, uno tras otro, ritual siniestro. Por razones de cercanía, porque los tiene enfrente, nadie puede observar como un reportero a los hombres y mujeres que viven para el poder, para hacer lo que les da la gana, hasta apropiarse de lo que no necesitan y hasta desprecian.

Adolfo López Mateos

El 4 de noviembre de 1989, el presidente Carlos Salinas de Gortari inauguró el Salón de Actos Adolfo López Mateos, en Los Pinos. Sería —dijo—, un lugar donde habrían de discutirse y decidirse temas de interés para la patria. Con el tiempo, desfilarían por el salón hombres y mujeres a quienes el estado rendiría homenaje. Ahí se entregarían los premios nacionales a los escritores, a los artistas, a los personajes de la ciencia.

El presidente de la república y el general Alfonso Corona del Rosal, viejo colaborador de López Mateos, fueron los panegiristas de López Mateos. Hablaron de un hombre ejemplar, la oratoria vacía e inevitable. La ceremonia se arrastró lenta, sin un estornudo que cortara el tedio. Éstas fueron las mejores frases de Salinas para honrar al prócer:

> Fue el conductor anímico de un pueblo que sintió en Adolfo López Mateos la concreción de sus ideales, puestos permanentemente al servicio de la república.
>
> La sabiduría popular no se confunde: el afecto que le brinda proviene de reconocer el trabajo intenso que llevó para promover el interés de la nación.

En un párrafo medroso, dijo que López Mateos tuvo conflictos al inicio de su gobierno, sin mencionar cuáles, pero "tuvo el talento político de insistir en la negociación política y supo enfrentarlos con serenidad y también con decisión".

Corona del Rosal, por su parte, intentó un desagravio imposible a la ocupación militar del Politécnico. Expresó, dirigido a la nada: "En relación con la educación técnica fue posible inaugurar la unidad profesional de Zacatenco del Instituto Politécnico Nacional".

Secretario de Gobernación del presidente López Mateos fue el licenciado Gustavo Díaz Ordaz. Los tengo presentes y no puedo apartarlos de Mister Jekyll y Mister Hyde, personaje dual que ha dado pie a interpretaciones psicológicas y psiquiátricas que no terminan. Uno era sensible, generoso, hombre amable y querido. El otro era siniestro, un manipulador del mal. Eran dos en uno y uno en dos.

López Mateos era apuesto, grato, de palabra fácil, dotado para el arte, según decían. Frecuentaba a los escritores, pero sobre todo a los pintores y halagaba a Diego Rivera y a sus hijas, Guadalupe y Ruth. Cantaba, le gustaban las fiestas e hicieron época las insinuaciones periodísticas de las francachelas que vivió con Sukarno, el lascivo presidente de las islas de Indonesia que fundían a las mujeres con las flores y los ríos con sabor a vino. Se supo de López Mateos, también, que tuvo un aneurisma con peligro para su orden mental y que fueron varias las ocasiones en que dejó la presidencia al cuidado de Díaz Ordaz.

Con la represión brutal que llevó a cabo el presidente López Mateos, presidente bohemio, también así se le decía, lo asocié, si bien a distancia, con Gustavo Díaz Ordaz y Luis Echeverría. Recurrió al delito de disolución social, aberración ética y jurídica que abre las puertas al fascismo y a la tiranía, para encarcelar a David Alfaro Siqueiros, a Valentín Campa y a los líderes ferrocarrileros Demetrio Vallejo y Raúl Sánchez Lemus. Ni política ni humanamente habría quien pudiera justificar semejante aberración.

Frente a dos mil muchachos desarmados y en pleno sueño, la represión militar la encabezó el general secretario de cuatro estrellas, general Matías Ramos y los miembros de su estado mayor, todos divisionarios. Participaron también ochocientos oficiales y soldados, así como los cuerpos policiacos de la ciudad de México y la Dirección Federal de Seguridad, que cortó las comunicaciones con las instalaciones del político. El operativo hacía pensar en una fortaleza estratégica en tiempo de guerra. Cabe agregar que cualquier grupo subversivo monta guardias que escuchen el silencio y permanezcan atentas a cualquier signo de alarma que les permita reaccionar al instante. Nada de esto ocurrió. No hubo un solo centinela en la madrugada del asalto, prueba por sí misma de la inocencia de los estudiantes.

La represión contra los ferrocarrileros que estallaron en huelga el 11 de marzo de 1956 y que tuvieron en Demetrio Vallejo a su líder indómito, llevó al país a situaciones extremas. Nunca se tuvo noticia del número de asesinatos, torturados y mujeres violadas durante la batalla insensata. Tampoco se supo del número de asaltos cometidos en la república que el ferrocarril atravesaba, pero sí de cárceles levantadas en las instalaciones militares para mantener incomunicados a doce mil trabajadores, en tanto se resolvía su futuro. Por otra parte, fueron documentados cinco mil secuestros y, al final, se perdió el detalle de miles de ferrocarrileros que nunca volvieron al riel.

Vallejo fue aprehendido el 28 de marzo de 1959 y puesto en libertad el 20 de julio de 1970. Al ingresar a Lecumberri fue señalado como autor de una conjura internacional, dirigida por agentes comunistas, para provocar el desquiciamiento del país. El procurador general de la república, licenciado Fernando López Arias, razonó en estos términos:

"Las autoridades judiciales están constitucionalmente en desventaja ante los responsables de la conjura que pretendía convocar al desquiciamiento nacional, ya que, por ser México un país eminentemente demócrata, no puede actuar fuera de la ley y sancionar con la más alta pena a todos los traidores que encabeza el líder ferrocarrilero Demetrio Vallejo Martínez." O sea que, a juicio del asesor legal de la presidencia de la república, Vallejo y sus compañeros debieron terminar sus vidas de espaldas al paredón de fusilamiento. Y todo esto, el salvajismo encendido, lo presidió López Mateos.

El 25 de febrero de 1959, Abel Quezada publicó en *Excélsior* un cartón ajustado a su talento y personalidad. Muestra al niño Demetrio, de pantalón corto y blusa, clara. Sentado, juega al ferrocarrilito y escucha una voz de la que se adivina un ceño fruncido: "Es que el trenecito no sólo es tuyo: es de todos tus hermanitos". Al día siguiente, en los periódicos, el cartón fue reproducido a plana entera.

Para el presidente Salinas de Gortari y para el general Alfonso Corona del Rosal, quien ascendió todos los peldaños de la burocracia priísta y fracasó en el postrer y definitivo esfuerzo, no existen los asesinatos de Rubén Jaramillo, su mujer embarazada y tres hijos adoptivos que reconoció como propios: Enrique, de 20 años, Filemón de 24 y Ricardo de 28.

Rubén Jaramillo, líder agrarista, había sido señalado como promotor de tres levantamientos armados de campesinos sin tierra, y se hablaba de crímenes y tropelías. Vivía en su ardiente Morelos, de cañaverales que eran fuego y se le tenía como un luchador social, desprendido hasta del pan si algunos lo miraban con ojos de hambre. En algunas fotografías me pareció percibir un par de ojos de llamas negras sin miedo al miedo.

Los datos que informaron del cuádruple asesinato sólo necesitaban de palabras estrictas. El horror transmitía su propio escalofrío:

El 23 de mayo de 1962, Jaramillo y su familia fueron secuestrados a las dos de la tarde en Tlaqueltenango, por un numeroso grupo de hombres armados con ametralladoras ligeras. Arrastrados lejos del pueblo, fueron ametrallados y rematados con pistolas calibre .45. Jaramillo recibió nueve tiros y tres de gracia. Los cadáveres fueron abandonados en una brecha cercana a las ruinas de Xochicalco, y no serían reclamados. Antonio, hermano de Rubén, explicó: "Somos muy pobres. No tenemos dinero para enterrarlos. Dejaremos que los responsables de este artero crimen hagan con ellos lo que quiera.

El crimen estremeció al país, pero no movió a indagación alguna. No se supo de diligencias o de alguna comparecencia de presuntos responsables. La muerte quedó abandonada, como los cuerpos acribillados.

En su "Yo acuso" contra López Mateos, Vallejo da cuenta de otras tragedias en el campo mexicano. Narra en su folleto de setenta y siete páginas, rápidamente decomisado:

> El Comité Agrario del Municipio de Nautla, Veracruz, denunció ante el Departamento de Asuntos Agrarios y Colonización la destrucción del poblado de "El Huanal", por policías y tropas federales al mando del general Heladio Ruiz Camarillo, director de Seguridad Pública de Jalapa.
>
> La tropa y los policías quemaron treinta y dos casas, arrasaron con las siembras de vainilla con valor de dos millones de pesos, destruyeron los muebles, enseres y herramientas de trabajo de los campesinos, mataron a todos los animales domésticos y al ganado, aprehendieron y torturaron a Eleuterio Tapia López, líder de los ejidatarios y amenazaron con fusilarlos a todos si el vandalismo llegaba a oídos de la presidencia de la república.
>
> El día veintiocho pasado, a las veintitrés horas, el general Ruiz Camarillo, al mando de tropas y policía llegó a "El Huanal" y ordenó su destrucción. Así se pudo borrar del registro público al poblado y declarar la inexistencia de solicitantes de ejidos y su falta de personalidad jurídica.

Se casaba Paulo, el hijo de José Carreño Carlón y de su primera esposa. En el banquete había una mesa que llamaba la atención, la mesa predilecta, la mesa de todos. La presidían Mercedes y el Gabo. Ahí estaban José María Pérez Gay y su señora, el anfitrión que pasaba y regresaba. Había también un sitio para mí.

Durante el café, los coñacs y la champaña llegó sorpresivamente Carlos Salinas de Gortari, a quien se esperaba desde el inicio de la fiesta por su amistad con el padre del novio. Su traje era gris claro y la corbata de tono plateado. Tenía aire de candidato triunfante, la sonrisa que no se despegaba de sus labios delgados, la risa pronta. Parecía recién salido de la alberca y despedía fragancias de lima-limón.

—¿Qué lee, licenciado? —le preguntó Chema.

La respuesta nos sorprendió a todos.

—*La ciudad de Dios*.

—¿Por qué precisamente ese libro? —quise saber.

Explicó Salinas que le resultaba interesantísima la visión del tiempo, el tiempo de Dios, el tiempo de los hombres, el tiempo único y el tiempo múltiple, el tiempo sin tiempo, el tiempo que no cesa. Chema intervino y dijo que, además de los problemas filosóficos y teológicos que plantea la obra, algunos doctores de la Iglesia sostienen que Agustín fue el santo del poder, santo terrible. Me pareció que sus palabras iban dirigidas a Salinas; Chema siguió:

Agustín, sin apego por las criaturas, se desprendió de su concubina, que le había dado sus humores, sus lágrimas, su dolor, su sacrificio cotidiano, su sangre, el amor que sólo espera la caricia del amor. Dios reclama adhesión absoluta y en su ascenso al Señor, la mujer le estorbaba al santo. Agustín no dudó y victimó a su concubina en el abandono.

Pensé que Chema iba llegando a nuestra teología, la del presidente-Dios que mora en Los Pinos. En todo caso, Salinas se desentendió del tema y la conversación siguió por otros rumbos bajo el cálido azul de la tarde. Siempre he querido saber algo más de Salinas, de quien tantos males se han derivado para el país. La sombra de Aburto, para siempre en Almoloya, y la muerte de Colosio, para siempre en la historia, cercan al ex presidente. Donde vaya, van ellos. También lo acompañará para siempre la trama de encubridor de uno de los grandes ladrones de la nación: su hermano Raúl.

—Conversemos, Carlos, hablemos un día de los temas del poder —le propuse.

—Con mucho gusto.

—¿Cuándo?

Se aproximaban las fiestas de diciembre.

—Háblame en la primera posada. Así, te acuerdas tú y me acuerdo yo.

Nunca fue al teléfono.

La ocupación de las instalaciones del Politécnico me envenenaba. Yo llevaba obsesivamente en la memoria al general Matías Ramos, secretario de la Defensa Nacional ocupándose de muchachos, tarea propia de la Secretaría de Educación Pública. A *Excélsior* además, había llegado la perfidia: cuidado, podía haber traidores.

No entendía por qué Salinas de Gortari había bautizado el salón de actos de Los Pinos con el nombre de López Mateos, autor de la solución militar en el Politécnico. ¿Por qué y para qué honrar a un represor? Salinas se unía a un político que se había apoyado en el delito de disolución social para encarcelar a los líderes de la huelga. López Mateos era abogado y sabía de qué hablaba. También su secretario de Gobernación, Gustavo Díaz Ordaz.

Pero no se trataba sólo de eso. López Mateos había desmembrado al sindicato ferrocarrilero. Doce mil trabajadores en los cuarteles es frase que se dice fácil, pero doce mil obreros implican a sus mujeres, a sus hijos, a sus familiares, a sus amigos, a sus conocidos, al enjambre social al que pertenecemos todos. Salinas de Gortari se había graduado en la UNAM, presumía como joven activista modesto del 68, se decía admirador del general Lázaro Cárdenas y sabía de historia. López Mateos pudo tener cualidades administrativas sobresalientes, pero se condenaba ahí donde los hombres no tienen salvación: el crimen.

Al Poli y a los ferrocarrileros se agregaba la tragedia de Rubén Jaramillo, su esposa embarazada y sus tres hijos. El líder agrarista había caído en la claridad de una tarde, después de comer. Conocido en la región, había pistas que podían llevar a los asesinos sin complicaciones irremontables. La conmoción había atravesado los campos miserables de Morelos y más de uno habría hablado. Pero no hubo diligencias acuciosas y el caso quedó cerrado en su origen. Sin información corrieron los rumores, como siempre sucede. Se habló de la mano del ejército, se habló del secretario de la Defensa Nacional, general Agustín Olachea Avilés. Las suposiciones cobraron certeza con razón sobrada: Olachea dejó la Secretaría de la Defensa y fue sospechosamente ascendido a la presidencia del PRI.

El cuadro del horror podía verse plásticamente, como en una obra de teatro. Se fueron conociendo más datos, el último, Jaramillo: cayó en el bolsillo su amparo contra actos de la autoridad.

En la cárcel, Siqueiros me dictaba sus memorias. Yo escribía a toda velocidad en una pequeña máquina portátil. El pintor se metía con medio mundo y vociferaba en el centro del presidio, el Polígono, al que desembocaban los corredores, avisos del ergástulo. A López Mateos lo llamaba traidor y entreguista, le decía López Paseos y lamentaba que gobernara sin respeto a la Constitución. Al licenciado Alfonso Guzmán Neyra, presidente de la Suprema Corte de Justicia, lo trataba como a un gusano, "gusaneira".

En las afueras del penal, un sujeto bien vestido, untuoso, se me acercaba y me decía, baja la voz: "Seguramente el pintor y usted mantienen conversaciones privadas. Sin riesgo de su parte, usted podría escribir reportes anónimos sobre esas pláticas. Para estas colaboraciones siempre existe alguna recompensa. Yo mismo me encargaría".

Hombre del renacimiento mexicano, Siqueiros creía en la legitimidad del atentado personal. Lo intentó con Trotsky y sufrió un encarcelamiento breve con compañeros de armas, hombres notables de la Revolución. Uno de ellos fue Manuel M. Diéguez, soldado en la batalla de Celaya, misma en la que perdió el brazo izquierdo el general Obregón. Diéguez y Siqueiros fueron compañeros de francachelas. Siqueiros le contaba de sus escapadas a los burdeles y cómo regresaba ebrio a la cárcel para dormir una cruda excitante, que también las hay cuando la mujer sabe de su cuerpo y las fantasías que desata.

Vi a Siqueiros en sus últimos días en Lecumberri, adonde volvió, ya viejo. Me dolía presenciar el desquiciamiento con su mujer, Angélica, y el nieto de ambos, Davicito, hijo de Adriana. El niño, cinco años, apuntaba la pistola, cargada de balines, a unos centímetros de los ojos inyectados en sangre de su abuelo y le decía con el pequeño índice en el gatillo del juguete: "Te voy a matar, abuelo". Angélica bramaba, desesperada y Siqueiros la reprendía, el rostro feroz: "Déjalo, Angélica". Esos ojos de Siqueiros ardiendo por el ácido de los materiales con los que trabajaba encerrado en su celda, no los olvidaría nunca.

Angélica y Jesús, hermano de Siqueiros e histrión fracasado, frecuentaban Los Pinos. Ambos pedían la libertad para el artista. Siqueiros estaba enterado de las gestiones y las estimulaba. Se soñaba cargado de energía para pintar los cinco continentes y los mares que los circundan. En su celda sólo había un espacio mezquino para trabajar, vender la obra de caballete y mantenerse con dignidad. Pintó a un niño envuelto en un cielo amarillento sin profundidad. Se trataba, pienso, de un apunte autobiográfico, la soledad interna unida a la soledad externa, una manera de aludir, quizá, a la soledad sin sentido.

Finalmente llegó la hora de su libertad. Se le notaba feliz en la calle, el brazo en alto, el puño cerrado, festejado como un héroe. La cárcel a su espalda, yo pensaba en él como el gran artista incólume y el político vencido. Había proclamado que no existía quien pudiera encerrarlo, grande como era para los estrechos portones de hierro de Lecumberri. Ya adentro, había jurado que saldría libre por la presión internacional o saldría con los pies por delante. Salió caminando, abierto el presidio por la decisión del presidente López Mateos, su verdugo.

Terminaría trabajando en el Polyforum, la escultopintura, decía, el arte del futuro. Durante el día batallaba con la pistola de aire y las herramientas duras del escultor y muchas noches, bebía. Fumaba de manera compulsiva, enfermo. Encendía un cigarro, lo aspiraba una vez y lo apagaba en el cenicero. Sin darse un minuto, encendía otro cigarro. Una aspiración y otro cigarro al cenicero. Y luego otro y otro.

Algunos le pedíamos que bebiera menos, pero en sus malas horas no había quien pudiera detenerlo. A una botella continuaba otra, huisqui siempre. Siqueiros se debilitaba y repetía diez veces la misma historia en una noche breve. Los males de la arteriosclerosis dañaban su mente poderosa. A su alrededor el ambiente se fue haciendo pesaroso y aparecieron las primeras lágrimas mal disimuladas. Un día nos dijo: "Nos vamos a Cuernavaca". Murió canceroso un 31 de diciembre, día de San Silvestre.

Su obra está en el mundo y el nombre de López Mateos en un salón de actos de Los Pinos. López Mateos, partidario del orden vertical y el delito de disolución social, se prolongaría en Gustavo Díaz Ordaz. Decía López Mateos que, al ajustarse la banda presidencial el 1º de diciembre de 1958, ya sabía que heredaría la seda emblemática, seis años más tarde, a quien ocupó la Secretaría de Gobernación y sería su hermano en la vida. Gustavito, le decía.

Antidemocrático, se burlaba del pueblo de México. Resuelta en la intimidad la sucesión presidencial, se prestó al juego inicuo del destape. Y decía, acerca de los mexicanos: "Los engañé con la verdad. Nunca oculté mi inclinación por el licenciado Díaz Ordaz".

Gustavo Díaz Ordaz

A Díaz Ordaz se le reconocía una inteligencia clara y una voz profunda, de dicción perfecta. Llamaban la atención sus enormes dientes hacia fuera y sus ojos redondos, pequeños. En su presencia, nadie se permitía un comentario irónico o una sonrisa encubierta al mirarlo tan feo, porque feo era.

La unión entre el gobierno y los medios de comunicación demostraba que existen los matrimonios perfectos. Jacobo Zabludovsky representaba la verdad oficial que se admite porque no hay manera de recelar de un hombre con las altas virtudes inmanentes de nuestros gobernantes.

Hoy sabemos que el presidente Díaz Ordaz terminó desquiciado, y conocemos los motivos: los conflictos afloraron pronto. Fue permanente su enfrentamiento con los médicos que exigían dignidad para su trabajo y condiciones de salud para el pueblo de México, menospreciados por el jefe de la nación. Su intemperancia cobró víctimas. Los hechos fueron desarrollándose, imprevisibles. El eminente neumólogo Ismael Cosío Villegas fue vetado en los hospitales del gobierno. No hubo quien lo acogiera. También el doctor Norberto Treviño, médico reconocido que había incursionado con éxito relativo en la política, había sido expulsado de la medicina pública. José Castro Villagrana, hijo de don José Castro Villagrana, alto funcionario en la Secretaría de Salubridad, fue hostigado hasta alejarlo del ejercicio de su vocación. Eran sospechosos los tres, como muchos más serían señalados: indignos de la confianza pública. La sospecha, la espada que oscila sobre la cabeza, la disolución social.

La señora de don Gustavo, doña Guadalupe Borja, desapareció para los mexicanos. Los golpes de la política la habían afectado y prefirió refugiarse en la soledad. Su hijo menor se perdió en la droga y el rock. Murió como consecuencia de una sobredosis de cocaína y de todo junto, muchacho desdichado que sólo puede mover a compasión.

El ingeniero Díaz Borja era el mayor de los tres hermanos, Guadalupe estaba en medio. Él conservó la serenidad; tuve la oportunidad de pedirle las memorias de su padre. Fue amable y me dijo que no contenían revelación alguna que valiera la pena.

—¿Y Echeverría?

—Apenas existe en las letras de mi padre —agregó que en los apuntes autobiográficos y ya al final, hace mofa suave de José López Portillo

—¿Y aquello que tanto se dice de que la biografía de su padre la escribió Antonio Carrillo Flores o Agustín Yáñez, tiene visos de veracidad?

—Ninguno. Yo tengo el manuscrito, memorias de setenta u ochenta páginas.

—¿Las va a publicar?

—Pienso que no.

La relación del presidente Díaz Ordaz con *Excélsior* tuvo sus altas y sus bajas hasta terminar de la peor manera. Visitó *Excélsior* en los días en que asumí la dirección del periódico. Así se estilaba: recorrido de cortesía para subrayar que la libertad de expresión existía como uno de los logros mayores de un país democrático. Yo quería moverme con desenvoltura y la conseguí sólo a medias. Aún creía en la respetabilidad de la institución presidencial como realidad concreta y no como entidad abstracta, la respetabilidad per se del Palacio. Iría sabiendo que los ex presidentes forman una mafia. Pueden aborrecerse entre sí, pero tenían por sagrado el principio de la asociación delictiva: la complicidad.

Llegó el 2 de octubre de 1968 y vi de frente a Díaz Ordaz con la anécdota que he contado en otra parte: la caja de cerillos. Él la veía de un lado, yo de otro y era la misma caja. Podríamos pensar de manera distinta frente a un mismo acontecimiento y ambos poseer claridad en el juicio. A pesar del ardid, que no carecía de sutileza, me libré de un rostro contraído y una amenaza descarnada: ¿Hasta cuándo dejaría de traicionar al país?

Más tarde, ya cercano el final del sexenio, una bomba estalló en el exterior de *Excélsior*. La explosión se dio en la madrugada. El objetivo era claro: una amenaza incruenta, por lo pronto. En el futuro podría cobrar víctimas.

Viví la historia que tantos han vivido: las muestras de afecto de los autores del delito, su pesar por lo ocurrido, la certeza de que se daría con los culpables. Era intolerable que sucesos de esa magnitud ocurrieran en un gran periódico, me decían los funcionarios ordacistas.

Creo que Díaz Ordaz es una biografía agotada. Todo se sabe de él, hasta sus amores con Irma Serrano, "La Tigresa".

El final público del personaje sombrío de Tlatelolco ocurrió en los días en que el presidente López Portillo lo promovió para la embajada de México en España. El episodio resultó escandaloso en términos diplomáticos. Antes de partir para Madrid, Díaz Ordaz enfrentó a los periodistas y salió derrotado. Asediado por preguntas, señalado sin equívocos, acusado como un hombre que mandó matar, perdió los estribos. En Madrid ocurrió otro tanto, una forma de linchamiento educado contra un hombre juzgado con los calificativos más severos. Díaz Ordaz huyó de la sede diplomática. Fue al final una sombra de sí mismo. A la postre quiso cobrarse deudas humanas con pasatiempos a destiempo.

Jorge Hank Rhon

Jorge Hank Rhon prepara su bebida favorita: Herradura reposado con una víbora de cascabel, una cobra, un pene de león, un pene de toro y a veces cabellos finos de osos grises del Canadá. En el vaso pueden quedar residuos de esos animales que, a trasluz, se miran como minúsculos pedazos de tripas bañadas en un líquido amarillento.

En *Proceso*, en un pequeño recuadro, leí la historia hacia el principio del año y me pareció que correspondía a uno más de los gestos excéntricos del hijo del Profesor. Ya me había llamado la atención su desplante, "la mujer es el animal que más me gusta", y lo había apartado como tema de un interés periodístico mayor.

En marzo pasado estuve en Tijuana para saber más del personaje de ilustre apellido. Inmensamente rico, poderosamente instalado en la industria del PRI y en la industria del juego, heredero de la historia de su padre, Jorge Hank da de qué hablar como un personaje sin parecido visible. Es quien es, fruto de sus ideas, pasiones, ansias de poder, notoriedad y una vida envuelta en el crimen. Es punto obligado para hablar de la nube tóxica que enferma a buena parte de la población de Tijuana.

Apenas el 19 de febrero pasado, *Frontera* publicó en su primera plana una foto con un garrafón, nunca vacío, del tequila y sus componentes. La nota, firmada por los reporteros Jorge Morales y Ana Cecilia Ramírez, incluye un diálogo breve que inicia el priísta multimillonario en dólares:

—Ven, tocayo, te voy a contar el secreto de mi virilidad.

—¿Cómo funciona? —pregunta el periodista.

—El tequila absorbe el poder de estos animales.

—¿Y se acaba el botellón?

—Cuando lo bajo, me lo van llenando.

Convencido de la fuerza sexual de la bebida, lo ofrece a sus incondicionales, a sus empleados y cómplices. También invita a las señoras a que mojen sus labios y nutran su cuerpo con el hallazgo que lo enorgullece.

Alejandro Ruiz Uribe, inclinado al PRD y hace algunos años líder estudiantil de la preparatoria estatal, me cuenta una historia que llama sencilla, sólo una anécdota y subraya:

—Yo fui casi testigo de un suceso que a muchos consta.

—¿Y por qué casi testigo?

—Mi madre quiso saludar a la señora Rigoberta Menchú en una cena ofrecida en su honor. La premio Nobel de Guatemala había impartido una conferencia en la preparatoria y queríamos agradecerle su tiempo y la brillantez de sus palabras. A mi madre, como es natural, le cedí mi lugar y ella me contó lo que vio y escuchó:

"El alcalde, Jorge Hank Rhon, respondió a uno de sus impulsos y se presentó en la cena sin invitación. Fue directo a la mesa principal, cambió unas palabras con los comensales y le habló a nuestra invitada de su tequila vigorizante. Gustoso de sí mismo, gustoso de su hallazgo, lo ofreció a la ilustre señora. De parte de Rigoberta Menchú no hubo un gesto, apenas una mirada lejos del presidente municipal: 'Gracias'."

Me propuse visitar el fraccionamiento de Hank Rhon, Puerta del Hierro, aún bajo el régimen de condóminos. "Será difícil —me habían advertido—, son pocos los que entran."

Acompañado de Felipe Zárate, vi a la distancia la caseta de vigilancia. Dos policías privados eran guardianes del fraccionamiento, de uniforme azul y sombreros de recortadas alas horizontales.

En letras de buen tamaño leí: "Prohibido el paso".

Y luego, atónito:

"Por su seguridad, está siendo videograbado".

Había, en efecto, frontales a la calle de acceso a Puerta del Hierro, dos cámaras videograbadoras, pequeños, siniestros cañoncitos.

Me supe en el centro de un sitio ominoso. "Por su seguridad, está siendo videograbado." ¿Y si no soy videograbado? Asistía a un lenguaje mafioso, voces gangsteriles.

—Permítanos pasar —dijo Zárate a uno de los vigilantes. La respuesta se desprendió por sí misma:

—El paso está prohibido. ¿No vio?

—Sólo unos minutos.

—¿Para qué? ¿Qué quieren?

Mi amigo viene de lejos, quiere conocer Tijuana y Puerta del Hierro es también Tijuana.

Intervine:

—Suba con nosotros. Acompáñenos.

—Sólo unos minutos.

La calle principal es circular y a la derecha el rojo se impone como el color del mundo. Una barda interminable de más de dos metros de altura está tapizada con bugambilias. Entre una y otra flor, apenas si aparecen pequeños espacios verdes y no se miran ramas, esqueleto de la enredadera. La barda corresponde a la casa de Hank Rhon.

A la izquierda se suceden unas a otras casas impersonales y conjuntos de materiales corrientes. Las casas están limpias pero no vi un jardín, algún lugar plácido. No vi un mercado, alguna tienda, una peluquería, una farmacia. No recuerdo una fuente. Las calles laterales tienen nombres de metales: mercurio, plutonio, estaño. Vi por ahí un aviso: "Prohibido Peatones".

Fui a *Zeta*, el semanario fundado y sostenido con impresionante energía y valor por Jesús Blancornelas. Ahí conversé con los coeditores de hoy, René Blancornelas y Adela Navarro. Atractiva, mujer de treinta y ocho años, diecisiete entregados a los amores de su intimidad y a la revista, escribe una columna: *Sortilegioz*.

—¿Qué ocurre en Tijuana, señora?

—Pone en mis manos su artículo más reciente. "Vulgar", lo intituló.

Pareciera —escribe— que entre la clase empresarial y la política, el miedo se está convirtiendo en fascinación. Es una situación que bien podría encuadrarse en una especie de "síndrome de Estocolmo", donde el secuestrado ha sido de tal manera sometido por sus captores que termina por entenderlos y desarrollar lazos afectivos para quienes le cortaron su libertad y sus derechos.

Así se encuentran muchos personajes de Tijuana que ya pasaron del miedo y pavor hacia la figura del ex alcalde Jorge Hank Rhon y ahora casi casi se han convertido en sus promotores personales. Terminaron siendo lo que tanto temieron: lacayos.

Un hecho increíble se dio cuando a una de las prominentes familias de la ciudad le secuestraron a su hijo, un chamaco. Dada la cercanía de la familia con el presidente municipal y el dinero que había invertido en la campaña, decidió hacerle una llamada de auxilio. El hijo fue puesto en libertad a las pocas horas y la familia recibió el aviso: "Ustedes están protegidos, son gente del alcalde".

Termino la lectura y la señora pregunta:

—¿Lo quiere así o más claro?

—Más claro.

—La historia la anunciamos en la portada de la revista con esta cabeza: "Policías Criminales". Podríamos haberla titulado: "Criminales Policías". Son iguales, son lo mismo. Este hecho terrible —agrega— puso en evidencia lo que para muchos es una realidad: que el equipo cercano a Hank son policías criminales que tienen el conocimiento de las redes de secuestradores, del narcomenudeo, de los asaltantes, etcétera.

Héctor "El Gato" Félix Miranda fue asesinado el 20 de abril de 1988. Los crímenes contra el codirector y director de *Zeta* pusieron en vilo a Tijuana. No se olvida al Gato y para muchos no hay manera de sobreponerse a una sensación que perturba. En el hampa que se ha extendido por la ciudad, la figura de Jorge Hank Rhon cobra la fuerza de un protagonista.

Avivan los rescoldos sucesos que llegan de muy lejos. Jorge Vera Ayala, hijo de Antonio Vera Palestina, uno de los asesinos materiales del Gato, se encuentra hoy a cargo de la seguridad del ex alcalde.

Dice Adela Navarro:

—Existen documentos, hemos publicado reportajes que así lo acreditan. La policía que encabeza Vera Ayala no pertenece a la estructura de la Secretaría de Seguridad Pública de Tijuana, pero aparece en el presupuesto como un grupo de élite [...]. El año pasado fueron asesinados veintitrés policías municipales, inmiscuidos de alguna u otra manera en el narcotráfico. Vera Ayala no está al margen de la oleada criminal. Pero es ahijado de Jorge Hank Rhon. Hubo quien se atrevió: "oiga usted, se trata del hijo del que mató al Gato ¿no?". "Pues es mi ahijado —le llegó la respuesta pronto—. Yo lo traje y yo lo traigo."

—¿Cómo llegó Vera Ayala a la posición que actualmente ocupa? —le pregunto a la coeditora de *Zeta*.

Hank Rhon ocupó la alcaldía con un grupo del Estado de México, encabezado por Ernesto Santillana. Éste llegó a Tijuana con el compromiso o la consigna, como quiera llamársele, de acabar con el narcomenudeo y los narcopoquiteros, pero en verdad, acabar con ellos, eliminándolos. Dueño del poder, Santillana organizó un comando negro que robó, secuestró, mató. El escándalo, ya mayúsculo, seguía creciendo. Hank Rhon optó por sustituirlos y llamó a Vera Ayala. En cuanto a Santillana, regresó al Estado de México, su casa. Había trabajado con el Profesor. En el archivo inmenso de *Zeta* —continúa— conservamos un editorial de Francisco Ortiz Franco, editor del semanario y uno de los hombres más cercanos a Jesús Blancornelas. Es un editorial que nos enorgullece. Ortiz Franco fue asesinado y el origen profundo de su muerte permanece en la bruma, como el asesinato del Gato.

Ortiz Franco escribió "Imperativo Ético", avalado por Blancornelas en letras cursivas al término del artículo. Dijo Blancornelas: "Este espacio refleja el criterio editorial de *Zeta*".

En cuanto al texto, me dijo:

—No es una decisión precipitada. Tampoco visceral. Al contrario, fue suficientemente analizada. El dilema fue entre la función profesional del medio y la obligación moral. No figuró en absoluto lo comercial. Finalmente, la decisión de *Zeta* es no aceptar publicidad-propaganda a favor del precandidato del Partido Revolucionario Institucional, Jorge Hank Rhon. Consideramos que no es ético prestar este servicio a quien fue patrón de los asesinos materiales del codirector de *Zeta*, Héctor Félix Miranda. Su conducta de patrón está más que probada e incluso fue aceptada públicamente por el precandidato priísta. Más allá de lo profesional y lo legal, está la obligación moral que tenemos con quien perdió la vida el 20 de abril de 1988 por publicar sus ideas en las páginas de este semanario.

No se detiene la señora. Cuenta con naturalidad, sin énfasis en la voz, el cuerpo quieto, cuenta de Tijuana, inseparable de su propia vida:

—Uno de los hijos de Hank Rhon, Alberto, se encontraba en una disco y de repente, como en una ráfaga, un instante que contenía horas, se vio enfrascado en un pleito por una muchacha. Dos energúmenos se disputaban, más que a la muchacha, su amor propio. Los dos la habían visto y se habían sentido atraídos por ella. Eso había sido todo. El rival de Alberto Hank, Pablo Francisco Duarte, rompió una botella y el pleito llegó lejos. Alberto sufrió heridas en la cara, creo recordar que también en el cuerpo. En medio de la noche, los guardaespaldas se lo llevaron a un hospital. A su contrincante le llovieron golpes, una terrible zarandeada. Permaneció en el hospital tres meses. Sus padres midieron los alcances del pleito y lo protegieron largo tiempo mandándolo a los Estados Unidos. Los hechos se habían olvidado y el muchacho regresó a Tijuana el 29 de agosto de 2006.

Al día siguiente del pleito no hubo rastro de Pablo Francisco Duarte. Un día después se extendió la noticia de su muerte, el cuerpo abandonado cerca de la Clínica Número Uno del Seguro Social. Fue golpeado con puños, pies, bats y rematado con un tiro de gracia.

A la tragedia no la acompañó investigación alguna. Pocos tuvieron noticia en Tijuana de que el pleito a muerte se había iniciado en el restaurante bar TRSZ, propiedad de Nico Nacif, compadre de Hank Rhon.

—Señora, Hank Rhon sostiene que no tiene problema alguno con el gobierno de Estados Unidos. Cita que de la investigación conocida como "White Tiger", salió limpio, cerrado el expediente.

—Hank Rhon dice parcialmente la verdad: "White Tiger" es una pesquisa congelada, pero eso no significa que el caso esté cerrado. Oculta el ex presidente municipal, en cambio, la humillación a que lo someten nuestros vecinos. [...] Hank Rhon —explica— posee cuarenta automóviles a su estilo. Todos son de lujo, doscientos cincuenta mil o quinientos mil dólares, cada uno con placas de los Estados Unidos. Cuando así lo estima conveniente, en alguno de sus vehículos, escoltado siempre, se traslada a las zonas que pesan y a las barriadas de la ciudad. Es su manera de hacer sentir su personalidad, unidas la riqueza económica y la prepotencia política. Hombres de temple lo pueden todo, es el mensaje que transmite. Así ganó las elecciones para la presidencia municipal, al frente la marea roja, sus guaruras, sus incondicionales, sus empleados, sus cómplices, todos púrpura y dispuestos a hacer sentir su poder. Se gastó en dólares y la votación fue ínfima, como se sabe. [...] Existen en la ciudad veinticuatro garitas para cruzar la "línea". El gobierno de los Estados Unidos ideó un acceso especial que llamó "Sentri", un paso VIP. Si usted se presenta en las oficinas correspondientes de aquel lado, muestra sus estados de cuenta, declaración de impuestos, comprobante de residencia impecable, documentos transparentes, el FBI, que lo investigó hasta la minucia, autoriza para usted una tarjeta y lo registra en "Sentri". [...] A Hank Rhon el FBI lo investigó y le negó la tarjeta. Pienso que para su personalidad egocéntrica, aspirante a los más altos puestos de la política —el tiempo es mío, ha dicho más de una vez—, no puede existir humillación comparable al rechazo del FBI. Hank Rhon, sus coches, sus guaruras, sus placas de los Estados Unidos, todo él ha de someterse y transitar por una de las veintitrés líneas por las que todos cruzamos para ir a los Estados Unidos y regresar a nuestro trabajo y al abrazo que siempre nos aguarda.

El casino Caliente reúne a hombres y mujeres que se evaden del mundo, los ojos inmóviles en la pantalla donde cruzan apuestas con el azar. Los salones se escuchan silenciosos, concentrados los jugadores en imágenes abstractas. Algunas mujeres jóvenes de falda oscura y saco blanco, ajustado con cuatro botones dorados, van y vienen atentas a lo que pudiera ofrecerse a la clientela.

Existen amplios espacios con fotografías de carreras de caballos y perros, escenas fijas y partidos febriles de futbol, beisbol, futbol americano, basquetbol, encuentros de box, de lucha libre. Si hubiera carreras de hormigas o batallas entre hormigas rojas y hormigas negras, ahí estaría un público ansioso de emociones reservadas a la torturante expectativa de ganar o perder.

A corta distancia de las pantallas y los salones con fotografías, subsisten las viejas tribunas de un verde informe para seguir al caballo favorito en su galopar desenfrenado. Las grandes pistas desaparecieron hace catorce años y hoy existen veredas por las que corren los galgos, diversión pueril frente a los majestuosos pura sangre. Un olor sucio invade la zona semiabandonada.

Cerca del casino se presta a la añoranza la derruida plaza de toros. El ex alcalde, Jorge Hank Rhon, decidió terminar con la tradición de los domingos taurinos. El redondel es hoy sólo un espacio vacío que, se dice, algún día pudiera

albergar un casino de verdad, con ruletas y crupiers, evocación de Las Vegas. Desde las tribunas se atisba apenas un
ángulo del zoológico. Las jirafas, los leones, los tigres, los
hipopótamos semejan juguetes. "Mi vicio son los animales", ha dicho Hank Rhon más de una vez. Su pasión por
ellos o la llamada fascinación por el horror lo ha llevado a
cruzar hembras y machos incompatibles.

Acceden al zoológico sólo las personas que obtienen la
aprobación del hombre importante de Tijuana. Hay una excepción: los niños. Una vez a la semana, seleccionados por
sus profesores, recorren en camión la maravilla del espectáculo a su alcance. Hay especies que están por desapare-
cer, como los osos grises del Canadá, los tigres siberianos,
blancos y de ojos azules —según se dice—, y las aves del
Diluvio.

La felicidad de los niños tiene límite. Observan, pero
hasta ahí. Tienen prohibido caminar por las zonas protegi-
das del zoológico. Explican, nacidas muertas sus palabras,
que quisieran mirarse, así fuera sólo eso, en los ojos vacíos
de los animales, ejemplares inofensivos.

A las dos horas de iniciado, el viaje termina.

Héctor Aguilar Camín

El lunes 10 de marzo asistí a una fiesta en la calle de Salvador Novo 97, calle que merecería también el nombre de Dolores del Rio. La reunión, en la noche, fue en honor de la presidenta de Chile Michelle Bachelet. A mí me había indicado la embajada chilena que seríamos veintidós los invitados. "Sabemos —me dijo uno de los funcionarios—, que no le atraen los tumultos, más de diez personas. No deje de venir. Lo esperamos."

En la casa, propiedad de Álvaro Corvacevich, embajador itinerante y plenipotenciario de Chile, fuimos más de un centenar y era difícil escuchar al vecino en la mesa. En espacios largos atronaron el ambiente ritmos frenéticos, los instrumentos de viento a todo lo que daban los vigorosos pulmones de los músicos.

Chile me es entrañable, como Salvador Allende. He contado y lo contaría de lunes a domingo, que fuimos amigos y en el marco ceremonial del presidente, amigos cercanos. Me hizo partícipe de su vida personal y yo, unos días después de entrevistarlo, le envié una carta. Sabía quién era, nada sobre los principios. Imaginaba también cierta "devastación interior" en su grandeza política y humana.

No pude evitar un momento de mal humor de cara a la invitación. Ahí estarían Carlos Monsiváis, Juan Ramón de la Fuente, Carlos Fuentes. Me motivaba abrazarlos. Pero estaría también Héctor Aguilar Camín, de quien cargaba una vieja afrenta.

Rafael Rodríguez Castañeda había participado en un desencuentro con Aguilar Camín que describe el tráfico de influencias del que se valía el escritor en su relación con su amigo, el presidente Salinas de Gortari. Le pedí al director de *Proceso* que buscara en su propio pasado para incluir la pequeña historia en estas páginas. Optó por la narración escrita:

En las primeras horas de la noche del viernes 16 de febrero de 2001 el reportaje estaba listo para su publicación, bajo la firma de Antonio Jáquez. El tema —las relaciones soterradas o vergonzantes entre los intelectuales y el poder— derivó de manera natural en las revelaciones sobre los tratos financieros que, como presidente de la república, tuvo Carlos Salinas de Gortari con el equipo de escritores y académicos de la revista *Nexos*, encabezado por Héctor Aguilar Camín.

Días antes, *El Universal* había resaltado en su primera plana: "Favoreció Salinas a Aguilar Camín. Durante el sexenio del expresidente el intelectual gozó de privilegios. Revelan documentos la rapidez con que pagaban las facturas para resolver los apuros del historiador".

Firmada por Miguel Badillo, la nota golpeaba desde el *lead:* "Una serie de cheques por una suma total de 3 mil 424 millones 450 mil 200 pesos de la era de Salinas (poco más de

3 millones 424 mil pesos de hoy), con las facturas y recibos correspondientes, cartas y recados por escrito, documentan un aspecto de los estrechos vínculos entre el expresidente Carlos Salinas y el doctor Héctor Aguilar Camín, quien llegó a ser considerado uno de los intelectuales más cercanos al controvertido mandatario".

El presidente Salinas —documentaba Badillo— admitía sin objeción las tarifas de Aguilar Camín, pagaba con diligencia anticipos y facturas complementarias, aprobaba costos adicionales causados por retrasos en el trabajo del historiador y extendía la ayuda "solidaria" cuando la solicitaba el entonces director de *Nexos*.

Un relámpago en la nota de Badillo:

"El 3 de septiembre de 1993 escribía Aguilar Camín a Salinas, a máquina: 'presidente, sé que no hemos terminado pero nuestras finanzas, por la misma demora, andan mal. Si pudieras adelantarnos el saldo de la investigación, será una gran ayuda (solidaria)'. Agregaba, de su puño y letra: 'Un abrazo'. Salinas accede con prontitud, como en otros casos."

En realidad, el historiador era un beneficiario más del uso arbitrario de la llamada "partida secreta" de la presidencia de la república. Desde Los Pinos, Salinas de Gortari ejerció con "absoluta discrecionalidad y sin control" 1 160 millones de dólares, según un análisis de las fracciones del PRD y del PAN en la Cámara de Diputados. De esa cuenta salieron fondos para secretarios de Estado, subsecretarios, procuradores, empresarios, intelectuales y familiares del propio presidente... Ante la denuncia formal de los diputados de oposición, la Procuraduría General de la República emprendió una investigación que se volvió humo.

En el reportaje de *Proceso*, Jáquez recordaba que la relación Salinas-*Nexos* no entrañaba un tema nuevo:

Desde tiempos de Miguel de la Madrid (1982-1988) hubo muestras de la cercanía entre Salinas y Aguilar Camín. Se recuerda, por ejemplo, la visita del entonces secretario de Programación y Presupuesto a las oficinas de *Nexos*, para explicarle al grupo la política económica delamadridista. Esta clase de deferencias levantó suspicacias, sobre todo en la comunidad intelectual.

De las sospechas se pasó a las acusaciones directas en el sexenio salinista, como las que lanzaron Octavio Paz y otros autores notables de la revista *Vuelta*, en el marco de una agria polémica en los primeros meses de 1992. "Llueven favores oficiales" sobre *Nexos*, apuntó Paz, y acusó al grupo de querer apoderarse de "centros vitales de la cultura mexicana". Gabriel Zaid describió a Aguilar Camín como una especie de Fidel Velázquez de la cultura y Enrique Krauze llamó a *Nexos* "consorcio paraestatal".

La nota de *Proceso* evocaba también cómo se apaciguaron las cosas conforme se aceleraba la caída de Salinas, aunque era de suponerse que la amistad con Aguilar Camín continuaba... por lo menos hasta octubre del año 2000, "cuando Aguilar Camín se deslindó en diversos medios de Carlos Salinas, luego de que se divulgó una conversación telefónica entre los hermanos Raúl y Adriana Salinas".

El historiador argumentaba, paradójicamente en *Proceso*, donde entonces era colaborador habitual:

"La confesión de parte hecha por Raúl es suficiente para destruir la credibilidad de Salinas, si alguna quedaba. Las denuncias de Raúl han terminado de sepultar al expresidente en el pozo de corrupción que los mexicanos percibían ya como el rasgo peor de su gobierno [...] Por boca de Raúl Salinas, para mí ha quedado contundentemente clara la complicidad del expresidente en las maquinaciones ilegales de su hermano, y debe responder por ellas."

Rafael Pérez Gay, a la sazón director de *Nexos*, entrevistado por Jáquez calificó lo publicado por *El Universal* como "insinuaciones calumniosas", afirmaciones "absolutamente falsas". Agregó: "Se desprenden de documentación contable de la empresa y no sabemos cómo llegó a manos de los periodistas que la han dado a conocer".

Pérez Gay se unía así a la defensa de su antecesor en *Nexos*. *El Universal* le había mostrado a Aguilar Camín, previos a su publicación, los documentos en los que Miguel Badillo basó su reportaje, cuyo contenido el historiador cuestionó en una larga carta.

Entre otros argumentos, exponía:

"No me fue revelada la fuente que filtró los documentos al periódico, ni de la persona que los recibió. Es una zona de intercambio poco transparente. Por lo visto, no resiste la prueba de la luz pública [...].

"Los estudios a que aluden los documentos de *El Universal*, filtrados por una fuente impublicable, son todo lo contrario de esa fuente. Son trabajos de origen cierto, propósitos claros y abiertos al público para su consulta. Es un hecho que los realizadores de los estudios cobraron por ellos a través de la revista que yo dirigía entonces [...].

"Presentar estas cuentas como un indicio de irregularidad es una forma de acoso al funcionamiento normal de una empresa. *El Universal* podría entender esto si ocurriera una filtración a otro medio de los cheques y las facturas que por servicios legítimos *El Universal* ha prestado a la presidencia de la república o a cualquier otra instancia gubernamental o privada.

"Es también un acoso a la intimidad y al ámbito de las relaciones personales del director de una empresa, como si no fuera lícito tener relaciones comerciales con gente con la que se tiene cercanía y confianza. Cercanía y confianza que tenía también por cierto, y muy lealmente, sin demérito de su independencia, Juan Francisco Ealy Ortiz, presidente y director general de *El Universal*, con el expresidente Carlos Salinas [...]."

En la misma edición, el periódico respondió:

"No escapará, seguro, a nuestros lectores, la importancia de los documentos que reseñamos. Muestran con pruebas inobjetables los privilegios que concedió Salinas al doctor Aguilar Camín. No es frecuente saber que un contratista del gobierno tenga posibilidad de cobrar sus facturas por adelantado, e incluso aplicar cargos adicionales, mediante el simple recurso de una tarjeta personal dirigida al presidente de la república, como lo pudo hacer Aguilar [...].

"Exdirectivo de publicaciones periodísticas, sorprende que Aguilar milite contra el derecho de los diaristas a reservarse la identidad de sus "fuentes" en casos de relevancia, a condición de que hagan lo necesario para validar en los hechos la información obtenida por esa vía, como ocurrió en el caso que nos ocupa [...].

"Yerra Aguilar Camín, por último, al pretender equiparar las ventajas, cercanía y confianza con que lo distinguió Salinas, con el trato que nuestro director general, Juan Francisco Ealy Ortiz, sostuvo con el exmandatario, que se desarrolló abiertamente y, como el mismo historiador reconoce, sin demérito de la independencia de *El Universal* ni privilegios derivados de acuerdos vergonzantes."

Proceso entrevistó también a Elena Poniatowska, exconsejera de *Nexos*. La autora de *Hasta no verte Jesús mío* fue tan clara como sencilla: la situación de Héctor, le dijo a Jáquez, "es desoladora, lamentable y dolorosa para todos los que escribimos".

Elena ponía el dedo en la llaga:

"Demuestra, una vez más, que un intelectual debe mantenerse alejado del poder porque la cercanía con los poderosos destruye. La ronda en torno del príncipe es siempre degradante y a veces mortal."

Al filo del cierre, aquel viernes 16 de febrero, Ángeles Morales, mi secretaria, me anunció de pronto la llamada telefónica de Aguilar Camín.

—Rafael, no lo publiques […].

—¿Qué, Héctor?

—No lo publiques… Jáquez me pidió una entrevista, pero ya está aclarado todo, Rafael.

—Porque no está aclarado todo, Héctor, por eso lo vamos a publicar […].

—Entonces hablo con Julio […].

—Háblale, si quieres. Pero no te equivoques. El reportaje está redactado.

—En definitiva, ¿lo vas a publicar?

—Lo vamos a publicar, Héctor […].

—Órale, publícalo… Ponle ventilador a la mierda […]. Y vaya que el ventilador de *Proceso* es poderoso […].

—Adiós, Héctor.

Héctor Aguilar Camín me llamó por teléfono. En su brevedad, repetimos el diálogo que había sostenido con Rafael Rodríguez Castañeda. En su esencia, así transcurrió:

—Ya no te ocupes del asunto, todo está aclarado.

—A mí no me lo parece.

—Somos amigos.

—Éste es un asunto que nada tiene que ver con la amistad. La amistad tiene sus propios caminos.

—Por eso.

—No, Héctor.

—Me perjudicas.

—Yo, no.

Hubo al final un tono seco: me arrepentiría.

Ahí terminó el diálogo, "yo diría que violento", según la conversación de esa misma noche con el director de *Proceso*.

En su edición 1268, con fecha 18 de febrero de 2001, *Proceso* publicó el reportaje de Jáquez. Decían los encabezados: "Dolorosa situación de Aguilar Camín. La ronda al príncipe, degradante y a veces mortal: Poniatowska". Al texto lo ilustraban copias de facturas y cheques obtenidos, en su momento, por el reportero Badillo. Lo remataba un fragmento de la entrevista con Elena Poniatowska:

Entrevistada en su casa de Chimalistac, habló de la desazón que le provoca esta historia: "Conocí a Héctor y a su esposa, Ángeles Mastretta, en un viaje que hicimos en los setenta a Alemania; eran una pareja encantadora y sentí una gran simpatía por ellos. Me duele lo que ha pasado y creo que en el fondo desacredita a la comunidad intelectual de México".

Señala, sin embargo, que en nuestro país hay ejemplos de escritores como José Revueltas, que se mantuvo incorruptible y al hacerlo se ganó a la gente. "El que le apuesta a los que no tienen poder, a la gente común y corriente, finalmente es el que alcanza la verdadera riqueza. ¡Mil veces aparecer nombrado en las Islas Marías en calidad de preso político como Revueltas que en cheques de la presidencia!"

—¿Por qué cree usted que los intelectuales se muestran renuentes a opinar sobre este caso?

—Porque tienen miedo de perder sus privilegios [...].

El 13 de abril de 2001, Juan Antonio Pérez Simón celebró sesenta años de vida en su mansión de la calle de Versalles. Amigos en su genuina profundidad, no me sorprendió que reservara una mesa cordial que compartiría con Estela y Vicente Leñero. A unos metros, Juan Antonio se instaló con su familia.

A lo lejos, éramos muchos los invitados, advertí la presencia de Héctor Aguilar Camín. Superado en mi ánimo el problema narrado en estas páginas, decidí llegar hasta él y saludarlo. Excelente escritor, la publicación de *La guerra de Galio*, que algunos interpretan como una desdeñosa descripción de mi persona, me fue indiferente. Leñero, entrevistado por Silvia Cherem, cuenta en la revista de la UNAM, en febrero pasado:

"Cuando Aguilar Camín lo publicó [*La guerra de Galio*], Julio me pidió que se lo contara, pues no pensaba leerlo. Su historia no era calumniosa, simplemente guardaba cierta ironía con respecto a Julio. A Julio no le importó, al contrario, invitó a Aguilar Camín a colaborar en *Proceso*."

Ya cerca de Aguilar Camín, en la fiesta de Pérez Simón, le extendí la mano. Aguilar Camín retrocedió lenta, pausadamente y con el índice de su diestra, de izquierda a derecha, de derecha a izquierda, de izquierda a derecha y otra vez y otra, me dijo que no. "Aunque no quieras", repliqué en tono amable. Aguilar Camín no hablaba, ni falta hacía. Su dedo poseía la fuerza de una mentada de madre. Avancé aún unos pasos y él retrocedió otros tantos. Yo no podía apartar los ojos de su dedo en movimiento, expresión del desprecio o la ira que le provocaba. Sin duda la escena fue plástica, una pequeña obra de arte dramático.

Volví a mi mesa. Recibí abrazos y palabras reconfortantes. También escuché palabras de duelo: "No te preocupes, nadie se dio cuenta".

A la cena en honor a la presidenta Bachelet llegué a las nueve de la noche, puntual. En el interior de la casa ya se encontraban Carlos Monsiváis, Juan Ramón de la Fuente, Carlos Fuentes y Silvia Lemus. Por ahí andaban el embajador de Chile y el anfitrión, Marta Lamas. Por todos lados rostros amables. Me sentía en mi propia casa y, de pronto, irrumpió Aguilar Camín en el pequeño círculo en que yo me encontraba. No me dio tiempo de ponerme de pie, no me dio tiempo de nada y sin alguna palabra que pudiera escuchar o algún gesto que atrapar, se inclinó, estrechó mi mano y se fue.

Me esperaba aún una sorpresa: en la mesa que me fue asignada, tuve a mi derecha a la señora Angélica Álvarez, jefa de gabinete de la presidenta Bachelet y a mi izquierda a Ángeles Mastretta, esposa de Aguilar Camín. Me conmovió mirarla y conversar con ella.

Mario Vargas Llosa

En el doble cumpleaños de Gabriel García Márquez y *Cien años de soledad*, la vida del escritor universal fue recordada hasta la minucia. Ya nada nuevo podría decirse acerca del Gabo, pero no existía recurso para eludirlo. Reinventó el idioma, una manera de reinventar el mundo, lo sabíamos todos, pero habría que releer su obra hasta repetir de memoria páginas enteras.

Inevitable en algunos medios surgió la fecha aciaga: el 12 de febrero de 1976, día del puñetazo de Vargas Llosa en el mentón de Gabriel García Márquez, su mejilla sangrante, el ojo izquierdo morado, su larga humillación, derribado sobre una alfombra de la Cámara Nacional de la Industria Cinematográfica.

En el suplemento cultural de *El Universal*, Confabulario, el 14 de marzo pasado, Rafael Cardona se ocupó del suceso. Cuenta, en el centro del escándalo, que Vargas Llosa le dijo, con voz de jefe:

—Tú te encargas que esto no se publique.

—Mario, eso es imposible. Ven. Si quieres te pongo en el teléfono a Julio Scherer y se lo pides tú. Yo no me atrevo (María Idalia y yo trabajábamos en el diario y yo había pedido permiso para ser un efímero jefe de prensa en la malhadada función que presentaba *Odisea en los Andes*, la película de Covacevich).

"En medio del barullo salimos enfrente, a la calle de Sinaloa y Oaxaca, a un restaurante alemán con duendes de cerámica pintados como enanos de Walt Disney y lamparitas verdes en la entrada.

—Don Julio, mire, déjeme decirle —y le conté todo a gran velocidad.

—¿Y qué espera para escribirlo, don Rafael?

—Bueno, mire, aquí está Vargas Llosa y quiere decirle algo […].

El célebre autor de *Conversación en la Catedral* empezó otra conversación. Conforme hablaba, su rostro se iba ensombreciendo. Apenas murmuraba un "bueno, Julio, sí, pero […] sí, no me digas".

"En ese momento me percaté de algo sorprendente: por debajo de las axilas y a pesar del forro, el sudor había empapado su fina gamuza."

—Sí, te devuelvo a Cardona dijo Vargas Llosa.

Tomé la bocina de Vargas Llosa y la tapé con la mano.

—¿Qué pasó, Mario?

—Me jodió.

—¿Cómo?

—Me dijo: "Cuando no quiera que las cosas se publiquen, don Mario, no las haga en público". Eso fue todo.

Esa noche del 12 de febrero, recibí muchas llamadas telefónicas. *Excélsior* no debía solazarse en suceso tan lamentable y, en todo caso, convenía desangrarlo en páginas interiores. María Idalia firmó en primera plana, a tres columnas:

Mario Vargas Llosa derribó anoche de un puñetazo a Gabriel García Márquez. El resultado fue una mejilla sangrante y el ojo izquierdo morado. Todo ello, mientras un grupo de periodistas esperaba la exhibición privada de *Odisea de los Andes*, en la Cámara Nacional de la Industria Cinematográfica.

No hubo explicación previa. Vargas Llosa hablaba en un salón privado con esta reportera, sobre su participación como guionista de la cinta. El autor de *Cien años de soledad* entró en el lugar y abrió los brazos con intención de saludar a nuestro interlocutor, que interrumpió su frase para lanzarle el golpe.

Hubo desconcierto en la Cámara Nacional de la Industria Cinematográfica (donde, por cierto, se había quemado el motor del proyector). Las personas que se encontraban en el salón veían incrédulas a un hombre tirado en el suelo, confundido con la alfombra y tapándose la cara con las manos. Era Gabriel García Márquez, que vestía pantalón color vino y chamarra de lana a cuadros rojos y negros. Vargas Llosa decía:

¡Cómo te atreves a querer abrazarme después de lo que hiciste a Patricia en Barcelona! ¡No quiero volver a saludarte siquiera, porque no es bien nacido aquel que trata como tú lo hiciste a la esposa de un amigo…! ¡Y sobre todo en la situación en que Patricia y yo nos encontrábamos en Barcelona!

García Márquez no respondió. Vargas Llosa decía al editor Guillermo Mendizábal: "¡Saquen de aquí a este majadero!" Y nuevamente al escritor: "Y ni siquiera le has dado disculpas todavía".

García Márquez trató de iniciar un: "Pero escúchame…"
Y fue sacado del sitio por algunas personas que se percataron
del incidente.

Temí por mi relación con el Gabo y durante largo tiempo
pensé que aún no llegaba a su entraña. Fue más y más afectuoso conmigo y de él conservo unas líneas: "Para Julio, con
un abrazote del duodécimo hermano". Llevo conmigo el
beso que me dio al entregarme el primer premio que otorga
"Nuevo Periodismo", la fundación nacida de sus manos, en
compañía de Lorenzo Zambrano.

El 12 de junio de 1989 tuve una reclamación del Gabo.
Fue telefónica:

—¿Por qué no me avisaste de la muerte de Susana?

—La sepultamos sólo los que estuvimos con ella las últimas horas.

—Se va el disgusto, queda la tristeza desnuda. Yo habría
hecho lo mismo.

Daniel Cosío Villegas

Visto su enorme prestigio y su fama de hombre intransigente, la palabra de don Daniel Cosío Villegas hacía falta en las páginas editoriales de *Excélsior*. Lo fui a ver a su oficina del edificio Guardiola, a un costado del Sanborns de Los Azulejos, sobre Madero. Fue afable conmigo, hasta cariñoso. Con el tiempo Susana lo llamaría "don Danielito".

Le dije que un hombre libre vale por uno y dos hombres libres valen por cuatro, le hablé del presidente Díaz Ordaz, tan duro, y le pedí su colaboración inmediata. Me escuchaba entre los muebles viejos de su oficina, un ropero alto, inmenso, sillones de respaldo recto, incómodos, la alfombra de colores gastados. Aceptó sin el menor problema, pero con una advertencia: no toleraría la supresión de una palabra o una sílaba de más en sus textos. A la primera intromisión renunciaría a su trabajo con escándalo y me incluiría entre los negociantes de la libertad de expresión. "El periodismo, si se ejerce con pulcritud, da para vivir holgadamente, no para levantar fortunas", me dijo en una alusión clara a la gratificante censura.

A Luis Echeverría, de quien tanto se ocuparía, lo tenía por hombre extremadamente limitado. Su lema de campaña por la presidencia de la república, "Arriba y adelante", le parecía reflejo de las mortecinas luces con las que la naturaleza lo había dotado. Se burlaba de su propósito de incorporar al gobierno que presidiría a jóvenes brillantes. "Seguramente piensa —comentaba don Daniel— que la juventud es un estado de gracia."

Víctima de hipoglucemia, era puntual a la hora de comer, nunca después de las dos y media de la tarde. Enfrentaba así el riesgo de dolores agudos y hasta un peligroso desplome. El primer huisqui sabatino, a la una y media, lo acompañaba de un gesto amistoso. Levantado el jaibol a la altura de la cabeza, sonreía a sus invitados: "Salud, porque nos lo hemos ganado". De lunes a viernes trabajaba con denuedo y por la noche escribía en la cama. Sentado en ángulo recto, recargaba la espalda en cojines y ya en pijama, colocaba sobre las piernas una pequeña mesa, de las usuales para desayunar en el lecho y ahí, firme la tabla, descansaban las hojas que poco a poco iba cubriendo con signos y palabras.

Los cuatro —Emma Salinas y Susana Ibarra, don Daniel y yo— viajamos unos días a Campeche. Una periodista lo sorprendió en la playa y pretendió entrevistarlo. "De ninguna manera." "Una declaración, datos de la vida que lleva, don Daniel." "No tengo más biografía que los títulos de los libros que he escrito. Le lleva tres minutos enterarse en qué se me ha ido el tiempo." También estuvimos en París y viajamos a Chartres, la catedral. En los días que corren, recordaba con Emma Cosío Salinas que don Daniel había comprado en Chartres una fotografía, la de un santo. Ema no recordaba de qué santo se trataba y yo pretendo vislumbrar un santo sin cara de santo y la aureola estaba de más en un hombre hecho de carne y sangre, terreno.

El primer artículo de don Daniel en *Excélsior* fue publicado el 16 de agosto de 1968, inminente el luto por la matanza de Tlatelolco. Ya al final de su vida —murió el 10 de marzo de 1976, en circulación las peores intenciones para *Excélsior*–, Televisa lo buscó con ánimo de que cerrara *24 Horas*, el programa de Zabludovsky al servicio del gobierno en turno.

—No se vaya a ir del otro lado, don Danielito —le dijo Susana.

Don Daniel la miró y apenas le acarició el cabello.

—No, Susana.

Después de su renuncia a la embajada de México en la India y la publicación de *Posdata*, su respuesta a la matanza de Tlatelolco, Octavio Paz regresó a México y encontró un horizonte vacío para su vida cotidiana. No hubo institución que le ofreciera algún espacio. Pensaba, por ejemplo, que la UNAM hubiera sido un sitio natural para su tarea, maestro de doctorado en la Facultad de Filosofía y Letras. No hubo quien, subrayó alguna vez, lo hubiera invitado a dictar alguna conferencia.

Plural, la revista mensual de *Excélsior* que Octavio dirigió desde su nacimiento, en octubre de 1971, hasta su muerte, en julio de 1976, atrajo escritores y críticos del país, unidos a ellos intelectuales de América Latina, los Estados Unidos y Europa. *Plural*, absolutamente libre, sin el peso de mil trabajadores y los inevitables problemas e intereses que envolvían a la cooperativa de Reforma 18, reforzó la línea crítica de *Excélsior*, más y más exigente, pero con un enorme trecho por recorrer. El talento de Octavio se imponía y personajes de las letras y la filosofía, como Julio Cortázar y José Gaos, vaticinaban ya en 1973 el Nobel para el poeta y escritor ilustre.

En noviembre de 1971, segunda aparición de *Plural*, Daniel Cosío Villegas escribió un texto desolador. Sostenía que desde hacía treinta años, desde 1941, el saqueo de la nación había sido inicuo. Sin eufemismos señalaba como beneficiarios de tamaña atrocidad a la insaciable iniciativa privada.

El texto, apenas conocido, acusaba:

Se sabe que el progreso material de los últimos treinta años se ha distribuido del modo más inequitativo posible e imaginable. La parte mayor, mucho mayor, ha ido a los empresarios, razón por la cual se ha dicho que si en el partido oficial estuvieran representados de verdad los intereses de los obreros y de los campesinos, el reparto hubiera sido muy diferente. Así, no puede haber duda alguna de que los grupos opresores existen y han tenido la fuerza suficiente para desviar de su cauce natural los propósitos originales de la Revolución Mexicana. Es de presumirse, además, que aparte de esos grupos opresores "privados", el presidente también es objeto de continuas y fuertes presiones de los miembros de la familia revolucionaria y que cada uno de ellos alegará que pretende ganarse su beneficio límite, no por la razón egoísta de engrandecer su propia persona, sino por abogar a favor de los intereses "superiores" de unos representados más o menos imaginarios.

El problema, empero, no es el de la existencia de grupos opresores, que pueda darse por resuelto afirmativamente, sino el de la medida en que han limitado y limitan el poder del presidente. No puede descartarse la posibilidad de que así sea, pero tampoco de que el presidente lo conserva intacto, sólo que su ejercicio se ha hecho más complicado y un tanto azaroso. En todo caso, si ese poder estuviera, en efecto, muy limitado, por semejantes presiones, habría que aceptar dos consecuencias. La primera, esa pieza de nuestro sistema político, la presidencia de la república Mexicana, que se creía, como la vieja Anáhuac de Alfonso Reyes, la región más transparente de la política mexicana, ya también es víctima de las tinieblas y de un denso envenenador smog. La segunda, que una situación semejante nos alejaría aún más de una vida política sana y abierta, pues quedaría acentuado hasta lo indecible su carácter palaciego y oculto, de ruda intriga y de puñalada trapera.

Las cuentas de don Daniel se inician en el gobierno de Manuel Ávila Camacho, amante de la riqueza y hermano de Maximino, voraz y criminal. Siguen al "presidente caballero", que así se le llamó por católico y bien educado, en estricto orden cronológico, 13 presidentes asociados a la inseguridad desatada en el país y al hambre que padece más de la mitad de su población, a hombres, mujeres y hasta niños en fuga a los Estados Unidos, víctimas de la incertidumbre que se volvió de todos los días.

Son ellos: Miguel Alemán Valdés, Adolfo Ruiz Cortines, Adolfo López Mateos, Gustavo Díaz Ordaz, Luis Echeverría Álvarez, José López Portillo, Miguel de la Madrid Hurtado, Carlos Salinas de Gortari, Ernesto Zedillo Ponce de León y Vicente Fox Quesada. Hasta el momento, frente a los acontecimientos que ya se hilan como historia, habrá que esperar las cuentas que vaya entregando Felipe Calderón Hinojosa. No hay manera de que luzca con orgullo la banda presidencial que se ciñó el 1° de diciembre de 2006, entre militares. Vicente Fox, sin gramática ni palabra, la manchó para siempre con su intervención en la guerra sucia de 2006.

No ha habido uno que se haya atrevido, en serio, con el pasado, y hasta ahora tampoco el presidente panista. Unos y otros se han cubierto, cómplices, culpables por omisión o por comisión. Uno a uno han sabido del país abatido que les ha entregado su antecesor y han guardado silencio. Uno a uno han sabido de violaciones a la ley, de tráfico de influencias en Los Pinos, extendido el saqueo a la república y han sellado sus labios, medrosos, víctimas de sus propias culpas. La nación ha aparecido en las medias palabras de los discursos y los informes oficiales, relegada la tragedia esencial: la muerte que crece y sesenta millones de mexicanos en la pobreza, inmensamente lejos, distantes años luz de los mandatos de la Constitución.

Guillermo del Toro

Guillermo del Toro se presentó en mi casa y pidió un vaso de agua. Al rato, un huisqui en las rocas. Amistoso, platicador, nos reunimos con su esposa Lorenza, su representante Bertha, Luis Mandoki y su hijo Daniel, aún niño, y apretado contra él, María, Ana y Julio, mis hijos.

María le preguntó a Del Toro si *Proceso* debería distribuir en México la película *El violín*, y el cineasta se encrespó. Dijo que por supuesto, que se trataba de una gran película, premiada en Cannes y exhibida con éxito en las pantallas de París. Pero ése no era el punto toral en el tema. Importaba asumir el riesgo permanente que nos enfrenta a ese duelo maravilloso y terrible que es ganar y perder. Del Toro se lanzó contra los "cómodos", contra los buenos que ven la vida de lejos. Son los que piensan que el pasado es un bien renovable y cuidan las horas de su existencia con la dedicación que ni el mejor cuerpo merece. El riesgo es la única manera de saber de uno mismo y de los otros, la única manera de mantenerse vivos. El riesgo le da sentido al tiempo.

Julio, provocativo, le dijo que ni él, Del Toro, ni González Iñárritu, ni Cuarón, representaban al cine mexicano. Mexicanos los tres, de enorme talento, sus méritos reconocidos internacionalmente eran para el cine europeo y el cine estadounidense. Del Toro habló de su irrenunciable condición de mexicano y algo aportaba, junto con Iñárritu y Cuarón, a nuestro país. Julio respondió que donde está el trabajo está la vida, así el trabajo resulte profundamente ingrato. Respecto al país de origen podemos desvivirnos por un amor remoto que nos arranca pesares, pero que ya se fue. Otras relaciones, otras uniones fueron creando vidas nuevas. Así es y no podría ser de otra manera. La tierra arraiga a la semilla promisoria, se hace de ella. El trabajo es, por su propia condición, el único bien universal que nadie discute.

Siguió Julio y le dijo que le encantaría verlo trabajar en México, en los callejones mexicanos, en el habla nuestra, en los guiones de Vicente Leñero, humor, gracia y cabronería. Pero ya partía Del Toro para Budapest, un año, para trabajar con *magiares*, para vivir las dos capitales en una, la de los acomodados y la otra, pero una sola gran ciudad bañada por el agua del mismo cielo.

Del Toro nos invitó a todos a encontrarlo allá. Sería una fiesta. Sentía que en la noche que se iba haciendo muy noche, nos habíamos consagrado a una amistad que no debíamos perder. Coincidimos en otros puntos: México ha ido por un mal camino, ha perdido oportunidades, vive un declive que alarma sin que sepamos aún cuál será la salida, si ésta existe pensando seriamente en ciento diez millones de mexicanos y no en la mitad o menos.

Yo vislumbro dos vías para este gobierno: un túnel con la luz de salida aún invisible, y un pozo. Para mi personalísima zozobra, no mantengo los ojos en el horizonte.

La víspera de nuestro encuentro, Del Toro, Iñárritu y Cuarón, acompañados de sus esposas, habían concurrido a una comida en Los Pinos. Sabiéndolo independiente, le pregunté a Del Toro con la curiosidad natural de un reportero:

—¿Por qué fuiste?

—Porque soy un político amateur.

Quise saber del presidente Calderón:

—¿Qué te pareció?

—Creo que por ahí no está la solución de los problemas.

Del Toro habló de la señora de Calderón, Margarita Zavala. La advirtió interesada en el cine, atenta en todo momento a la conversación, sencilla, cálida.

González Iñárritu le contaría a Del Toro de una noche extraordinaria en Los Ángeles, al inicio de la presidencia de Vicente Fox. La reunión tenía el propósito de festejar a González Iñárritu por el éxito internacional de *Amores perros*, su gran película. Fueron sesenta los invitados a la casa del productor Mike Medavoy, distribuidos en diez lujosas mesas. Warren Beatty estuvo ahí, también Sylvester Stallone.

Fox se presentó a la cita como si la impuntualidad fuera un derecho propio de los políticos de su estirpe. Llegó tres horas y media tarde sin ofrecer disculpas. Al llegar al sitio de honor que se le tenía reservado, golpeó con una cucharilla la copa de vino que tenía enfrente y anunció que ofrecería un brindis.

Fox inició un monólogo que parecía incomprensible en la voz del presidente de México. Entre los presentes, más de uno pensó que el orador preparaba una sorpresa y por ese motivo había bajado al mínimo la intensidad de su discurso. Pero no ocurrió así. No se ocupó Fox ni del cine, ni del arte, no habló de nuestros artistas reconocidos internacionalmente, ni habló del orgullo de saberse presidente de un gran país. Habló como un ranchero, más como un sureño que como un mexicano de cepa. Ponderó la excelencia de la mano de obra mexicana que había contribuido a la riqueza de California, una de las regiones más ricas del mundo. Sin el trabajo de las palmas callosas de nuestros trabajadores, sin su resistencia física, California no sería la tierra de excepción que había llegado a ser, bañada por un sol de oro. Antes de terminar, alabó a González Iñárritu y *Amores perros*, palabras sin entraña. Se veía satisfecho, no obstante el silencio que lo acompañaba.

Inesperadamente se escuchó el leve golpe de otra cucharilla contra una copa de cristal. Marlon Brando, sentado y despatarrado, ya muy enfermo, los zapatos por ahí y sus pies enormes sobre una silla improvisada como taburete, dijo que también deseaba hacer un brindis. Fue directo sobre el discurso de Fox. Expresó que pasaba por alto su impuntualidad de tres horas y media, pero que la habían pasado bien en ese tiempo, artistas todos y, por lo tanto, personas imaginativas, de buen humor, bebedoras. En un contrapunto insalvable por las condiciones que se habían dado en la insólita escena, ponderó el genio mexicano. Dueño de un pasmoso dominio del escenario, artista aún antes de nacer, Marlon Brando empezó por los muralistas, Orozco, Diego, Siqueiros y continuó con la riqueza artística que se da en México, como se da la cultura en hombres y mujeres que se tienen por ignorantes. Pocos países poseen el arte que no decae a pesar de la tecnología que invade los espíritus hasta poseerlos. Marlon Brando dio cuenta de su emoción en un recorrido de minutos por la historia milenaria de México, asombro de artistas y científicos de todos los continentes. Siguió con la música y los ritmos melancólicos del campo, de los cielos infinitamente bellos, de algunas regiones mexicanas aún libres del smog, de los litorales incomparables, dos mares, nada menos, para elegir o quedarse con los dos. Habló de los revolucionarios, hombres y mujeres de asombro, leyenda más allá del tiempo, leyenda sin tiempo, como debe ser. No podía pasar por alto el donaire de las mujeres que bailan el jarabe tapatío. Agradeció al presidente su presencia en lenguaje liviano, pero no lo libró de un vocablo duro, la grosería, las tres horas y media de tardanza. Siguió y siguió Marlon Brando hasta hacer de la reunión una fiesta grande, fiesta mexicana que seguiría con el sudoroso calor del mediodía.

Fox y Calderón

Por su propia iniciativa, Vicente Fox instituyó la declaración patrimonial de los presidentes como un compromiso. Asumió la decisión el 20 de enero de 2001.

Proceso consignó en su número 1544 que en su declaración patrimonial del 29 de mayo de 2006, omitió incluir en el documento la residencia que mandó construir en su rancho "La Estancia", en Guanajuato. En términos escuetos: el presidente de la república faltó a la verdad y dejó prueba de su dolo.

Se trata de una mansión campestre con lago artificial. El rancho, largo tiempo oculto a la opinión pública, llamado entonces y aún ahora "el rancho secreto", fue denunciado en 2005 por las periodistas Anabel Hernández y Arelí Quintero.

Felipe Calderón conoció "La Estancia" y las tierras de agave azul —300 hectáreas—, el 8 de octubre de 2006. A cincuenta y tres días del cambio de gobierno en el país, estuvo ahí en compañía de su señora esposa y de sus hijos.

A la pregunta obligada de los reporteros, acerca de si había tratado con Vicente Fox algún tema de gobierno, Calderón respondió, llanamente:

"No, ninguno, simplemente estamos como amigos, como gente que se estima y agradezco mucho que nos haya invitado."

En cuanto a la señora Marta Sahagún de Fox, incluyó en su declaración patrimonial un dato sencillo: 850 mil pesos para comprar una casa en Guanajuato.

De sus joyas y vestidos, nada dijo. Los vestidos pudieron sumar centenares. El sexenio abarca 2 190 días y a la señora le gustaba exhibirlos en su variedad y lujo. En cuanto a las joyas, el desenfreno de su conducta las hizo famosas.

La acumulación de bienes tan preciados quizá pudiera ameritar algunas consideraciones:

Si fueron obsequio de su esposo, el presidente de la república, no hubieran estado de más dos líneas en su declaración patrimonial.

Si las prendas y brillos fueron regalos de amigos y personajes, mal hizo la señora del presidente en aceptarlos. Existe un límite para agradecer obsequios: 500 pesos.

Si los bienes fueron comprados con recursos de la partida "Gastos Inherentes a la Investidura Presidencial" a la que aluden los "Servicios Generales del Presupuesto Federal", no hay manera de pasar por alto que la partida está constituida por dinero público. En tal circunstancia, es posible que la señora debiera devolver las joyas y los vestidos para integrarlos al patrimonio nacional.

Declararon el presidente y la señora de Fox en cuanto a su patrimonio:

Año	Bienes inmuebles	Inversiones	Vehículos	Muebles Menaje casa	Animales varios
2001	Departamento: Fracc. Jardines del Moral, León, Gto. Terreno: Estancia de vaqueros, San Fco. del Rincón, Gto. Casa: Hacienda de San Cristóbal, San Fco. del Rincón, Gto.	Bancaria, cta. cheques $854 661.00 Fondos de inversión: Fideicomiso $1 797 408.00	Dodge Ram, Chrysler 1998 Motocicleta Cross Honda 1998	1 500 000.00	1 656 600.00
2002	Informa los mismos, más: Casa: Fideicomiso núm. 201, Cuajimalpa, D. F. Y ya no informa del departamento	Informa los mismos, más: Sociedad agropecuaria La Estancia, S. P. R. de R. L.	Informa los mismos, más: vw Jetta 2000	Informa los mismos	Informa los mismos, más: $563 870.00 (nacientes del ganado declarado)
2003	Informa los mismos	$906 706.00 Sociedad El Cerrito, S. P. R. de R. L. $100 000.00 Otros fondos de inversión $250 306.00	Ya sólo declara Dodge Ram, Chrysler 1998	Informa los mismos Corrección: en 2002 se declararon como semo-vientes otros $1 970 227.00 acciones	
2004	Informa los mismos	Informa los mismos, más: Bancaria, cta. cheques $2 994.00 dlls. Seguro de separación indi-vidualizado $1 892 589.00 Acciones y va-lores de México, S. A. de C. V.		Informa los mismos, más: Adquisición otros (incorpo-ración) $3 205 819.00 Venta otros (desincor-poración) $2 700 000.00	
2005	Informa los mismos, más: Terreno en Guanajuato 60 000 m²	$88 209.00 Sólo informa 1 cta. bancaria y 2 fondos de inversión		Informa los mismos	
2006	Informa los mismos	Igual al anterior		Informa los mismos	

235

Año	Bienes inmuebles	Inversiones	Vehículos	Muebles Menaje casa	Animales varios
2002	Casa: Alameda, Celaya, Gto.	Cta. cheques $29 800.00		$50 000.00	
	Terreno: Carr. Panamericana Km. 291, Celaya, Gto.	Bancaria, depósito a plazos $1 560 000.00			
	Terreno: Carr. Celaya-Salvatierra, Celaya, Gto.	Bancaria, depósito a plazos $426 000.00			
	Local: Centro Comercial Providencia, Celaya, Gto.				
2003	Informa los mismos	Informa los mismos más intereses		Informa lo mismo	
2004	Informa los mismos	Informa los mismos, más: Acciones y valores de México, S. A. de C. V. $88 207.00		Informa lo mismo	
		Bancaria, cta. cheques $10 000.00			
2005	Informa dos terrenos y un local (anteriores) y ya no la casa	Informa lo mismo, más: Tarjeras de crédito $105 983.00		Informa lo mismo	
2006	Informa lo mismo, más: Casa: Guanajuato Huerta: Guanajuato	Informa lo mismo, más: Crédito hipotecario $813 217.00		Informa lo mismo, más: Implementos agrícolas y joyas $827 000.00	

Índice onomástico

A

Aburto, Mario, 186
Aguilar Camín, Héctor, 207-
216
Alberto Gironella, 156
Alberto Isaac, 37
Alegría, Rosa Luz, 131
Alemán Valdés, Miguel, 11, 90-
91, 129-130, 132, 134-136,
151-153, 225
Alemán Velasco, Beatriz, 132
Alemán Velasco, Miguel, 132
Alemán, Alejandra, 132
Alessio, Jony, 57-58
Alfaro Siqueiros, David, 20, 93,
138, 181, 188-190, 231
Alfaro Arenal, Adriana, 188
Alvarado, José, 87, 100, 137
Álvarez, Angélica, 216
Allende, Salvador, 140, 207
Amar, Leonora, 130, 135

Ampudia, Eduardo, 129
Anda Macías, Yolanda de, 94-95
Andrés de Oteyza, José, 51
Arce, Raúl, 162
Arenal, Angélica, 188
Arpa, Angelo, 145
Arreola, Juan José, 37
Asúnsolo, Ignacio, 152-153
Ávila Camacho, Manuel, 152,
225
Ávila Camacho, Maximino, 225
Avilés Randolph, Jorge, 127

B

Bachelet, Michelle, 207, 216
Badillo, Miguel, 208-209, 211,
214
Baeza y Aceves, Leopoldo, 96-
97
Bartlett, Manuel, 16, 54, 56

Bartulín, Danilo, 140
Bautista Morales, Juan, 23
Baz Harvill, Raúl, 62
Beatty, Warren, 229
Becerra Acosta, Manuel, 26, 87-88, 99-100, 102, 173
Benítez, Fernando, 24, 26, 49, 51-52, 68
Bermúdez, Antonio J., 95
Beteta, Ramón, 129
Blancornelas, Jesús, 198, 201
Blancornelas, René, 198
Borja, Guadalupe, 192
Borrego Escalante, Enrique, 94, 95, 102, 148
Brando, Marlon, 230-231
Buen, Néstor de, 120
Buñuel, Luis, 37

C

Cabal Peniche, Carlos, 53
Cabildo, Miguel, 125
Calderón Hinojosa, Felipe, 124-125, 226, 229, 233-234
Campa, Valentín, 139, 181
Cañedo, Margarita, 130
Cárdenas del Río, Lázaro, 28, 137, 140, 152, 187
Cardona, Rafael, 217-218
Cardoza y Aragón, Luis, 137
Carmona (fotógrafo), 167

Carpizo, Jorge, 16
Carreño Carlón, José, 184
Carreño Paulo, 184
Carrillo Flores, Antonio, 192
Casas Alemán, Fernando, 88, 129
Casimir, Jean, 113
Caso, Andrés, 78
Castellanos, Rosario, 100, 156
Castillo Ledón, Amalia, 88
Castillo, Heberto 19-21, 47, 137
Castro Villagrana, José Jr., 192
Castro Villagrana, José, 192
Castro, Fidel, 10, 108
Castro, Julio, 108-109
Cavazos Lerma, Manuel, 78
Colosio, Luis Donaldo, 186
Corona del Rosal, Alfonso, 69, 179-180, 183
Cortázar, Julio, 37, 113, 138, 224
Corvacevich, Álvaro, 207
Cosío Villegas, Daniel, 138, 221-225
Cosío Villegas, Ismael, 191
Costa Gavras, 111-113
Costa, Olga, 20-21
Covacevich, Álvaro, 218
Creel, Santiago, 68
Cruz, José, 50-51
Cuarón, Alfonso, 228-229
Cuevas, José Luis, 156

Ch

Chávez Morado, José, 20-21, 156
Chávez, Ignacio, 100
Che Guevara, 108
Cherem, Silvia, 215
Chesterton, G. K., 100
Christlieb Ibarrola, Adolfo, 100
Chuayffet, Emilio, 128
Chumacero, Alí, 37, 101

D

Dantón Rodríguez, Luis, 63
Denegri, Carlos, 82, 89-90,
    148-150
Deschamps, Eduardo, 156, 158-
    159
Díaz Borja, ingeniero, 192
Díaz Guerrero, Juan, 131
Díaz Ordaz, Gustavo, 33, 37,
    50, 51, 77, 105, 113, 118,
    180-181, 186, 190-191, 193-
    194, 221, 225
Díaz Redondo, Regino, 13, 15,
    19, 27, 30, 120, 124
Díaz Serrano, Jorge, 35, 37
Díaz, Porfirio, 121
Diéguez, Manuel M., 188
Dietrich, Marlene, 171
Dorffman, Ariel, 113
Dos Santos, Theotonio, 113
Dostoievski, Fedor, 147

Duarte, Pablo Francisco, 202
Durazo Moreno, Arturo, 74-
    76, 162, 168, 170

E

Ealy Ortiz Garza, Juan
    Francisco, 123-125, 128, 212
Echeverría Álvarez, Luis, 10,
    19, 22-25, 37, 47-48, 52, 57,
    101, 106, 111-113, 118-119,
    124, 181, 192, 222, 225
Eduardo Deschamps, 158
Elías Calles, Fernando, 76, 77
Emilio Pacheco, José, 156
Encinas, Dionisio, 139
Erro, Luis Enrique, 22
Espinosa Iglesias, Manuel, 69
Estrada, Raúl, 87

F

Fazio, Carlos, 114
Félix Miranda, Héctor "El
    Gato", 200-201
Félix, María, 130
Fernández, P. "La Leona", 146
Figueroa, Gilberto, 148, 158-159
Flores, Rogelio, 56
Fox Quesada, Vicente, 11, 16,
    52, 68, 225-226, 229-230,
    233-234

Fuente, Juan Ramón de la, 111, 114, 208, 216
Fuentes, Carlos, 37, 156, 208, 216

G

Galindo Ochoa, Francisco, 73-74, 81-82
Gamboa, Pascacio, 129
Gaos, José, 224
García Cantú, Gastón, 13-19, 21-27, 29, 30, 156
García de Honor, Jesús, 104
García Márquez, Gabriel, 36, 37, 72, 113-114, 138, 184, 217, 219, 220
García Ramírez, Sergio, 71
García Terrés, Jaime, 37
García, Julio (abuelo), 146
Garibay, Ricardo, 27, 100, 168-169
Glantz, Margo, 156
Gómez, María Idalia, 218-219
Gómez Arias, Alejandro, 100
González Barrera, Roberto, 80
González Casanova, Enrique, 156
González Casanova, Pablo, 113
González Díaz Lombardo, Fernando, 57-59
González Iñarritu, 228-230
González Luna, Efraín, 15
González, José Luis, 156, 170

Gordillo, Gustavo, 77-80
Gortari, Eli de, 139, 156
Granados Chapa, Miguel Ángel, 9, 25-27, 74, 101
Guerra, Elena, 102-103
Guerra, Ricardo, 101
Guerrero Arcocha, Francisco, 131
Guzmán Neyra, Alfonso, 188
Guzmán, Eulalia, 98

H

Hank González, Carlos, 39-50, 52-55, 58-59, 68-70, 72-80
Hank Rhon, Carlos, 52
Hank Rhon, Jorge, 52-55, 195, 197-205
Hank, Alberto, 202
Hendrich (maestra), 143-144
Hernández Galicia, Joaquín "La Quina", 130-131
Hernández, Anabel, 233
Hiriart, Hugo, 100
Hitler, Adolfo, 143
Huerta, Efraín, 156

I

Ibáñez H., Javier, 61
Ibarra, Susana, 39-43, 106, 133, 134, 140, 147, 220-223
Infante, Pedro, 85

J

Jáquez, Antonio, 208-209, 211-214
Jaramillo, Antonio, 183
Jaramillo, Enrique, 183
Jaramillo, Filemón, 183
Jaramillo, Ricardo, 183
Jaramillo, Rubén, 183, 187
Jo, Marie, 117
Joseph Hydn, 176

K

Kennedy, Edgard, 24, 27
Kennedy, John F., 90
Kennedy, Robert F., 175-176
Kluidle, Karen, 132
Krauze, Enrique, 210

L

Lagerloff, Selma, 143
Lamas, Marta, 216
Lara, Agustín, 85
Latapí, Pablo, 144
Leff, Sydney, 41
Lemus, Silvia, 216
Leñero, Vicente, 9-10, 13, 16-17, 22-23, 36-37, 43, 71-72, 138, 215, 228
Lima, José de, 44

Loaeza, Enriqueta, 175
Lombardo Toledano, Vicente, 137, 152
López Arias, Fernando, 182
López Azuara, Miguel, 156, 158
López López, Maclovio, 170
López Mateos, Adolfo, 10, 37, 90, 157, 179-180, 182, 184, 186-190, 225
López Narváez, Froylán, 100
López Portillo, José, 37, 50-51, 70, 72-76, 113, 127, 130-131, 192, 194, 225
López, Francisco, 142
Loubet, Enrique Jr., 173-174
Lumbreras, Alberto, 139
Luna, Lucía, 112
Llano, Rodrigo de, 87-89, 93, 99-101, 137, 158-159, 165, 173

M

Madrid Hurtado, Miguel de la, 37, 75, 83, 210, 225
Malraux, André, 28, 174
Mandoki, Luis, 227
Mann, Thomas, 174
Marcos, subcomandante, 140
Martín Moreno, Carlos, 115
Martínez de la Vega, Francisco, 19
Martínez Domínguez, Alfonso,

47
Martínez Manatou, Emilio, 78
Martínez, José Luis, 101
Mastretta, Ángeles, 214, 216
Máynez Puente, Samuel, 41
Maza, Enrique, 9, 14, 44, 71-72,
  100, 138
Medavoy, Mike, 229
Medina (camarógrafo), 167
Mejido, Manuel, 173-174
Menchú, Rigoberta, 196-197
Mendizábal, Guillermo, 219
Mendoza,Nicandro,162-163,168
Mergier, Anne Marie, 10
Miranda, Juan, 43
Molina, Mario, 162
Molina, Silvia, 136
Mondragón, Magdalena, 98-99
Monsiváis, Carlos, 18-19, 37-
  38, 85, 111, 155, 208, 216
Montaño, Guillermo, 156
Monterroso, Tito, 37
Morales, Ángeles, 213
Morales, Jorge, 196
Moratinos, José, 151
Moreno, Mario "Cantinflas", 85
Moya Palencia, Mario, 57
Muñoz Rocha, Manuel, 170

N

Nacif, Nico, 202
Naranjo, Rogelio, 9, 91, 128

Navarro, Adela, 198, 200
Nehru, Jawaharlal, 90

O

O'Farrill, Hilda de, 133-134
O'Farrill, Rómulo, 133-134
Obregón, Álvaro, 92, 188
Ochoa, Raúl F., 47-48
Olachea Avilés, Agustín, 187
Olaguíbel, Juan, 152
Olea Muñoz, Xavier, 148-150
Olivares Santana, Enrique, 53,
  56, 63, 65, 68-69, 73
Orozco Rivera, Mario, 20
Orozco, José Clemente, 20,
  146, 231
Ortiz Franco, Francisco, 201
Ortiz Garza, Ealy, 126-127
Ortiz López, Amancio, 59, 63
Ortiz Mena, Antonio, 129
Ortiz, Guillermo, 128

P

Pacheco, José Emilio, 37
Padilla Segura, 51
Pagés Llergo, José, 19
Pasquel, Jorge, 91
Paulo VI, 174, 176
Pavarotti, Luciano, 36
Pavón, Estela, 85

Paz, Octavio, 29-30, 37, 117, 125, 138, 210, 223-224
Pellicer, Carlos, 156
Peralta, Alejo, 162, 164, 167-168, 170-172
Pérez Elías, Antonio, 156
Pérez Gay, José María, 184
Pérez Gay, Rafael, 211
Pérez Martínez, Héctor, 135-136
Pérez Simón, Juan Antonio, 215
Perrusquía, Melchor, 129-130
Pinochet, Augusto, 113
Piñó Sandoval, Jorge, 91
Pola, Ángel, 23
Ponce, Bernardo, 102
Poniatowska, Elena, 101, 212-214
Prieto, Guillermo, 23

Q

Quezada, Abel, 13, 33-38, 90, 91, 182
Quijano, Carlos, 107-111, 113-115, 138
Quintana, Bernardo, 119
Quintero, Arelí, 233
Quiroz Cuarón, Alfonso, 141

R

Ramírez de Aguilar Alberto, 87, 88, 164-166

Ramírez Vázquez, Manuel, 99
Ramírez, Ana Cecilia, 196
Ramírez, Ignacio, 74
Ramírez, Julio Manuel, 87
Ramos, Matías, 166, 168, 181, 186
Requejo Vargas, Adrián, 169
Revueltas, José, 139, 214
Reyes Heroles, Jesús, 53
Reyes, Alfonso, 37, 135, 225
Reyes, José de Jesús, 54
Rhon, Guadalupe, 39-41, 43
Rivas Torres, Armando, 137, 159, 161
Rivera, Diego, 180, 231
Rivera, Guadalupe, 180
Rivera, Ruth, 180
Robles Garnica, Roberto, 162-163, 168
Robles Martín del Campo, Jaime, 15
Robles, Martha, 14-17
Robles, Roberto, 168
Rodríguez Castañeda, Rafael, 9, 83, 86, 138, 208, 213
Rodríguez Toro, Hero, 26-27, 37, 101
Roja, Alba, 59
Romano de López Portillo, Carmen, 131-132
Romero, Carlos, 46
Ruiz Camarillo, Heladio, 184
Ruiz Cortines, Adolfo, 37, 94-95, 225

Ruiz Uribe, Alejandro, 196
Rulfo, Juan, 34, 37

S

Sahagún Baca, Francisco, 168-170
Sahagún de Fox, Marta, 234
Salinas de Gortari Carlos, 78, 128, 179, 183, 185-187, 208-210, 212, 225
Salinas de Gortari, Adriana, 210
Salinas de Gortari, Raúl, 186, 210
Salinas, Emma, 222
Sánchez Acevedo, Antonio, 166
Sánchez Celis, Leopoldo, 73
Sánchez de Ortega, Leticia, 120
Sánchez Fagoaga, Álvaro, 166
Sánchez Lemus, Raúl, 181
Sánchez Navarro, Juan, 117-121, 123
López de Santa Anna, Antonio, 23
Santillana, Ernesto, 200-201
Schavelzon, Guillermo, 113
Scherer García, Julio, 16, 24-27, 36, 56-57, 63, 68, 74, 96, 103, 112, 119, 144, 146, 156, 165, 171-172, 213, 215, 218, 220
Scherer Ibarra, Ana, 41, 106, 227

Scherer Ibarra, Gabriela, 42
Scherer Ibarra, Julio, 227-228
Scherer Ibarra, María, 42, 227
Scherer Ibarra, Pablo, 41
Scherer Ibarra, Pedro, 42
Scherer Ibarra, Regina, 106
Sendic, Raúl, 109
Sentíes, Octavio, 83, 84
Serrano, Irma "La Tigresa", 171, 194
Silva Banda, Luis, 126
Pérez, Silverio, 85
Siqueiros, Jesús, 189
Solana, Luis Javier, 73-74
Solares, Ignacio, 114
Solórzano de Cárdenas, Amalia, 140
Sosa Ferreyro, Roque Armando, 101
Stallone, Sylvester, 229
Suárez, Luis, 124
Sukarno, 180

T

Tamayo, Jorge L., 156
Tapia López, Eleuterio, 184
Tarso, Paulo de, 176
Tello, Manuel, 37
Tibol, Raquel, 9, 20, 101
Tolstoi, León, 14
Topete, Ricardo, 167
Toro, Guillermo del, 227-229

Toro, Lorenza de del, 227
Treviño, Amado, 83-86
Treviño, Ana Cecilia "Bambi",
   104
Treviño, Norberto, 192
Trotsky, León, 138, 188
Trueba Urbina, Alberto, 152
Tse Tung, Mao, 118

U

U Thant, 174
Unamuno, Miguel de, 114

V

Vallejo Martínez, Demetrio, 10,
   181-182, 184
Vargas Llosa, Mario, 217-219
Vargas, Armando, 24, 27
Vázquez Gómez, Elena, 156
Vega Domínguez, Jorge de la, 78
Velasco, Beatriz, 91
Velazquez, Fidel, 137, 210
Vera Ayala, Jorge, 200-201

Vera Palestina, Antonio, 200
Vértiz, Columba, 112
Vértiz, Julio, 104
Villar, Samuel del, 25
Villarreal, Carlos, 95
Villarreal, Javier, 153

Y

Yánez, Agustín, 37, 192

Z

Zabludovsky, Jacobo, 70, 120,
   191, 223
Zaid, Gabriel, 210
Zambrano, Lorenzo, 220
Zárate, Felipe, 197
Zarco, Francisco, 149
Zavala, Margarita, 229
Zavaleta, René, 113
Zedillo Ponce de León,
   Ernesto, 126, 128, 225
Zolá, Emile, 10
Zuno, Esther, 106